英国王室と日本人

華麗なるロイヤルファミリーの物語

八幡　和郎／篠塚　隆
共著

小学館

目次

【表紙の写真】
2005年4月、チャールズ皇太子（当時）とカミラ妃が結婚した際の記念写真。
ウィンザー城で撮影された。Shutterstock ／アフロ
【オビの写真】
1975年、エリザベス女王来日時。
撮影 小学館写真室、日本雑誌協会代表取材、宮内庁、内閣府

海外の国王や王族の称号についての、マスコミ等の用語は不正確だったり一貫してなかったりする。皇太子という言葉もそうだし、英語のクイーンは女王と王妃と両方の意味があるが誤訳も多い。ただ、厳密さに拘ると煩雑なので一般的な用語を採用している場合が多い。なお、執筆者は第一章から第六章までが八幡、第七章と八章は篠塚で、互いに助言はしているが文責はすべて執筆者にあるし、言葉遣いもそれぞれの立場を反映して違うものを統一していない。

第1章

英国王室の戴冠式と日本の即位礼

騎士道の世界を再現した英国王の戴冠式

英国のエリザベス女王（2世）が亡くなって、チャールズ新国王（3世）が即位した。世界のVIPが集まった歴史絵巻のような葬儀の素晴らしさは女王の偉大さと大英帝国の栄光の記憶を人々の記憶に刻みつけた。

2023年5月6日には、新国王の戴冠式《たいかんしき》がウェストミンスター寺院で行われたのち、王室メンバーを伴ってバッキンガム宮殿へ行進し、宮殿バルコニーに王冠を頭上に載せて登場する予定だ。

チャールズ3世が手にする王権を象徴する杖である王笏《おうしゃく》（セプター）と頭上に置かれる王冠には、同じ原石からカットされた世界最大のダイヤモンドで530カラットのカリナンⅠと世界第2位で317カラットのカリナンⅡがあしらわれている。

世界一のダイヤモンドが、大富豪のコレクションとして人目に触れることなく眠っているより、その価値にふさわしい形で世界の人々を楽しませてくれることは素晴らしいことだ。

エリザベス女王の1953年の戴冠式は苦しかった「戦中・戦後」が終わったことのお祝いだったし、チャールズ皇太子とダイアナ妃の1980年の結婚式も、「英国病」に苦しんでいた英国が、経済自由化で若々しく復活したことを告げる号砲だった。

エリザベス女王の戴冠式には、皇太子時代の上皇陛下も参加され、皇室外交へデビューされるチャンスであるとともに、第二次世界大戦で戦った日英両国がかつての同盟国としての関係に戻る最初の一歩ともなった。

王室の存在は、英国にとって、伝統ある海軍や、スコッチ・ウィスキーやロールス・ロイス、ビートルズなどの活躍以上に外交戦略上の武器である。

英国王室と並んで世界で崇敬されているのが、日本の皇室である。英国王のように15か国の元首を兼ねているわけではないが、世界第3位の経済大国の君主であり、建国から2000年にもわたって万世一系とされる家系が、独立と統一のシンボルになっている。

先の戦争は日本の皇室に対する評価を厳しいものにしたが、昭和天皇が日本の民主化と平和国家としての発展、西側諸国との同盟に前向きな役割を果たされたことや、その威厳で世界から尊敬される地位を回復されたし、上皇陛下は国内のみならず海外にも頻繁に出かけられ、各国の人々とも海外の王室とも交流を深められたことも良かった。

海外の百科事典を見ると、英国王の戴冠式と日本の天皇の即位行事を東西世界を代表するものとして対比したものもある。中国や韓国に帝王がいなくなったいま、日本の皇室行事は、アジアの歴史文化を代表する貴重な文化遺産ともいえる。

日英の皇室・王室の交流も盛んで、昭和天皇の大喪の礼にはフィリップ殿下が、エリザベ

AWL Images／アフロ

1000年前から戴冠式が行われるウェストミンスター寺院

Heritage Image／アフロ

世界最大のダイヤ「カリナンⅠ」があしらわれた王笏

ス女王の葬儀には天皇皇后両陛下が、令和の即位の礼にはチャールズ皇太子が出席され、チャールズ新国王の戴冠式には秋篠宮皇嗣殿下・妃殿下が出席することになった。

本書では、世界の君主について、歴史と現在の状況を俯瞰して眺め、現代において直面している問題も紹介するとともに、国際的な視点も尊重し、たとえば、外国人にも分かりやすく説明できるようなかたちで日本の皇室と英国の王室など世界の王室との対比や交流について説明したい。

世界に30人いる君主たちの肩書きはさまざま

現在世界で君主国は44ある。ただし、15はイギリス連邦の構成国で、チャールズ国王を元首としているから、君主は30人である。

複数の諸侯が国王などを互選するマレーシア、アラブ首長国連邦、サモア、フランス大統領とスペインのウルヘル司教が共同君主になっているアンドラ、枢機卿の互選で教皇が選ばれるバチカンも君主国と分類されている（サモアは除くこともある）。

君主の肩書きでは、国王（キング）が、英連邦諸国、オランダ、ベルギー、スペイン、ノルウェー、スウェーデン、デンマーク、ブータン、タイ、カンボジア、レソト、エスワティニ、トンガである。

一方、ルクセンブルクが大公（グラン・デューク）、リヒテンシュタインが侯（ドイツ語ではフュルスト。英語では該当する語がなくプリンス）、モナコが公（プリンス）だ。イスラム圏ではサウジアラビア、バーレーン、モロッコ、ヨルダンが国王（マリク。英語ではキング）、オマーン、ブルネイがスルタン、クウェート、アラブ首長国連邦、カタールがアミールである。

中世の西ヨーロッパでは西ローマ帝国が滅びたのち、各地の王者が東ローマ帝国の皇帝の権威を認めていたが、フランク王国のカール大帝が教皇から皇帝として認められ、それがドイツやイタリアを領域とする中世の神聖ローマ帝国皇帝に引き継がれた。

国王（キング）は皇帝に次ぐ肩書きで、ローマ教皇から名乗ることを許されていた。ただし、ボヘミア王のように神聖ローマ帝国の領域内だと皇帝と上下関係があるが、フランスやイングランド、ハンガリーの国王は皇帝より格下かもしれないが君臣の関係はない。

英国王がフランスのノルマンディー公でもあると、その限りにおいてはフランス王の家臣だった。また、ロシアはギリシャ正教で、教皇の権威の下になかった。

しかし、ナポレオンが台頭すると、ハプスブルク家は神聖ローマ帝国皇帝の地位をナポレオンに簒奪《さんだつ》される前に捨ててオーストリア皇帝に「転身」する一方、ナポレオンもフランスの皇帝となったので、カトリック圏の盟主としての意味は失われた。

これを見て悔しがったのが英国のビクトリア女王だったので、ディズレーリー首相は、インド帝国を創始して女王をその皇帝とした。また、イスラム圏では、イスラム帝国のカリフとか、ペルシャやムガール帝国のシャーもエンペラーと翻訳することもあった。

一方、古代中国では王が君主の称号だった。ところが、戦国時代に覇者となった諸侯が王を名乗ってすっかり値打ちがなくなってしまったので、秦の始皇帝が伝説上の君主としての三皇五帝から1字ずつ取って皇帝という称号を名乗ることにした。

これと周辺の国との関係については、朝鮮国王のように明確に皇帝の配下にあるものもあるが、そうでない君主も多く、日本の天皇だけが別格というわけではないが、そのあたりは、第7章で紹介する。

中世ヨーロッパでの戴冠式の始まり

中世のヨーロッパでは、国王や皇帝が即位するとき、国王に神聖な力を付与するために、聖職者が国王の頭に聖油を塗り、冠を頭上に載せられることが広く行われていた。

冠は、王者の象徴として西洋・東洋を問わず広く見られる。

古代エジプト王ファラオはプスケントという紅白の冠を被っているし、日本や韓国では金属製の冠が古墳から出土している。ローマ帝国では、コンスタンティヌス大帝がペルシア風のダイアデム（ヘッドバンド）を採用し、金貨に彫られた皇帝の肖像でおなじみだ。

それが金属製の王冠に発展していったが、初期のものとして有名なのが、北イタリアのパビアの大聖堂にある「ランゴバルドの鉄王冠」である。内側に貼られている鉄のリングは、コンスタンティヌス帝の母ヘレナがエルサレムで発見したイエス・キリストが十字架に磔にされたときの釘を薄く引き延ばしたものだ。カール大帝やナポレオンもイタリアを征服したときは、「鉄王冠」を用いてイタリア（ランゴバルド）王としての戴冠式を挙行している。

聖油を塗る儀式は、中世ヨーロッパの誕生といわれるフランク王国初代国王クロービス（メロビング朝）のキリスト教改宗のときにも、フランスのランスで聖レミによって行われた。フランス王の戴冠式は、フランク王国初代国王クロービスの故事に倣って１８２５年のシャルル10世までランスの大聖堂で行われた。

メロビング朝に取って代わったカロリング朝の創始者小ピピンは、ローマ教皇ステファヌス２世から塗油されて権威を高めた。そして、カール大帝（※）は、ローマ教皇レオ三世からローマの帝冠を戴冠された（８００年）。

一方、イタリアとドイツが一緒になった神聖ローマ帝国の戴冠式は、はじめはカール大帝の都だったアーヘン（ケルンの西にある）で、ついで、フランクフルトで１７９２年のフランツ２世の戴冠式まで行われた。

※フランスでは「シャルルマーニュ」と称する。

ナポレオンはパリのノートルダム寺院にローマ教皇ピウス7世を招いて戴冠式を行った。ルーブル美術館でモナリザやミロのビーナスと並んで人気があるダビッドの巨大絵画「ナポレオンの戴冠」は、ナポレオンが皇后ジョゼフィーヌに戴冠しようとしている場面である。ナポレオンは教皇から冠を受け取って自身と皇后に戴冠した。

このようなヨーロッパの伝統的な戴冠式が、今も、続けられているのは英国だけ。ほかの君主国で行われているのは「戴冠式」ではなく「即位式」に過ぎない。

一方、東洋では、中国の皇帝が即位を天帝に報告する儀式が行われていたが、今はない。フランス語版のウィキペディアには、こうした宗教的な意味がある本格的な戴冠式は、英国と日本にしか残っていないと書かれている。

英国王の戴冠式には1000年以上の歴史がある

『日本書紀』や『古事記』などでの日本神話には、スサノオの子孫である出雲のオオクニヌシからアマテラスの子孫である皇室の先祖へ「国譲り」したことや、神武天皇が大和を征服して橿原で建国したのちに結婚した皇后も出雲の神々の子孫だと記述されている。つまり、女系では出雲の神々も現在の皇室の先祖なのだ。

欧州各国での王位継承は、フランスやドイツでは嫡系の男系男子という日本より厳しい原則だったが、現代では、国によって異なるものの女王や女系を認める方が多い。そのなかで、スペインやデンマークも長いが、一貫性にやや欠けるところがあるので、実質的には英王室こそ現存ではもっとも由緒正しき王朝だといってもいいと思う。

英国では現在の王統の始まりは１０６６年に即位したウィリアム征服王だが、それ以前のアングロサクソン人の王統とも女系では事後的にだがつながっている。

現在の儀式の原形は、アングロサクソン人のエドガー王が９７３年にバース修道院で行った戴冠式に遡る。ウェストミンスター寺院は、ノルマン人に征服される直前のエドワード懺悔王（在位１０４２年～１０６６年）が創建したもので、王は聖人とされており、戴冠が行われる聖エドワード礼拝堂が寺院の中心を成す。

もともとカトリックの聖職者が儀式を執り行っていたが、ヘンリー8世による宗教改革のあと、エドワード6世の１５４７年からは一部の例外を除いてプロテスタントの一派である英国教会が主宰している。また、リベル・レガシス（式次第）はラテン語で書かれていたが、１６０３年のジェームズ1世の戴冠式のときから英語になった。ただ、ドイツのハノーバーからやってきたジョージ1世だけは英語ができなかったので、ラテン語に戻された。

１６６１年のチャールズ2世のときまでは、王の行進する沿道では大道芸が演じられたり、ご馳走が振る舞われたが、その後は、パレードだけになっている。

中世には即位からさほどたたない時期の日曜日、安息日、キリスト教の祝日などに行われたが、王位の継承に争いがあるときなどは、即位の日に急いで行われることもあった。18世紀後半からは、前の王の喪に服し、準備に時間をかけるようになり、数か月、あるいは一年以上たってからになった。

このために、米国人の離婚経験者との結婚に固執したエドワード8世は戴冠式を行わないまま退位し、当初戴冠式が予定された日にジョージ6世が戴冠することになった。ジョージ6世の即位の5か月後のことだった。

エリザベス女王は、ジョージ6世が1952年2月6日に、狩猟を楽しむために滞在していたサンドリンガム・ハウスで就寝中に冠動脈血栓症で崩御したとき、ケニアに滞在中だったが翌日には帰国。8日に即位後初の枢密顧問会議を招集し、即位を宣言した。

戴冠式が1年後の1953年6月2日に決まったときは、チャーチル首相が自身の延命のために先延ばしにしたなどといわれたものだ。

1980年代にチャールズ皇太子とダイアナ妃が結婚して人気が沸騰し、エリザベス女王の退位の可能性が取り沙汰された時期もあったが、皇太子夫妻が1992年別居、96年離婚したことで機を失い、亡くなるまで女王を務めた。

エリザベス女王の夫君フィリップ殿下は、高齢になっても元気だったが、2017年に公

Everett Collection／アフロ

大英帝国王冠とエリザベス女王

務から引退し、２０２１年4月9日にウィンザー城で死去した（新型コロナウィルスのため葬儀の参列者は王族など30人に限定された）。

これを機に、エリザベス女王も気力を失ったようで、２０２２年2月6日の在位70年の行事には一部しか出席せず、夏にはスコットランドのバルモラル城（田園地帯にあって狩猟などを楽しめる）に滞在していたが、ボリス・ジョンソンからリズ・トラスへの首相交代に伴う一連の行事を9月6日に終えた2日後に亡くなり、国葬は、9月19日、天皇皇后両陛下など多くの国の君主や大統領が出席して行われた。

チャールズ国王の戴冠式と１０００年の伝統

チャールズ3世とカミラ王妃の戴冠式は、即位8か月後の２０２３年5月6日。儀式を仕切るのは、英国教会のトップであるカンタベリー大主教。

その式次第は章末資料のとおりだが、クライマックスは、国王に聖油を注ぐ塗油から戴冠までの部分。これまでの例を参考にすると以下のように進行する。

アノインティング（塗油）

聖歌「来たれ聖霊、主なる神」がうたわれたあと、音楽家ヘンデルが１７２７年のジョージ2世の戴冠式に際して作曲した『ジョージ2世の戴冠式アンセム第1番 司祭ザドク』が演奏される。厳粛な雰囲気の中、ローブを脱いだ国王は、大主教によって手、頭、心臓に十字架の形で聖油を注がれて清められ祝福を受け、聖別される。油注ぎの間に大主教は、預言者ナタンと司祭ザドクによるソロモン王の油注ぎを思い起こさせる奉献文を唱える。

国王は１３００年に作られたエドワード懺悔王の椅子に着席。椅子の下にはスコットランド王権の象徴たる「スクーンの石(運命の石)」が置かれる。長方形の砂岩で、もともとエドワード1世がスコットランドから強奪したものを１９９６年にスコットランド民族主義者によってエジンバラに戻されたが、戴冠式のためにロンドンに運ばれる。

塗油式のときは4人のガーター騎士が担ぐ金色の布の天蓋が君主の頭の上に置かれ、前回もこの部分だけは、テレビ放映されなかった。国王は椅子から立ち上がり、前に置かれたフォールドスツールにひざまずき、大主教は祈りを捧げて儀式を締めくくる。国王は立ち上がり、再び椅子に座り、ガーター騎士団が天蓋を運び去る。

インベスティチャー（叙任）

国王は白いリネンの袖なしチュニックと、金色のシルクで作られた長袖のスーパーチュニカを着る。儀式用の剣とブレスレットや宝珠、鳩と十字架の付いた2本の笏などが与えられ、国家との結婚を表すルビーの戴冠指輪も大主教が国王の右手の薬指にはめる。

金色の宝珠（オーブ）には、球体の上に十字架が飾りつけられ、神から与えられた君主の権威を象徴し、エリザベス女王の葬儀のときには棺の上に置かれていた。十字架がついた王笏には、1905年に南アフリカで発見された原石からカットされた530・2カラットの「カリナンI」が輝く。

クラウニング（戴冠）

エドワード王の椅子に座り、大主教から「聖エドワードの王冠」を頭上に載せられる。重さは2・23kg。清教徒革命で溶かされてしまい、チャールズ2世の戴冠式のため1661年に制作された。純金で交互に配置された4個のクロスパティーと4個のフルール・ド・リスからなる。内側は白貂《しろてん》の毛皮で縁取ったベルベット帽になっている。参加者は「ゴッド・セイブ・ザ・キング」と3回叫びファンファーレが鳴り響く。

こののち、カミラ王妃の戴冠式などの儀式が終わると、国王や王妃などは車列を組んでバッキンガム宮殿に戻り、宮殿のバルコニーに揃って登場する予定だ。そして、5月7日にはウィンザー城で、世界のスターを集めたコンサートが開催されるという流れだ。オーケストラ、ダンスグループ、俳優、合唱グループが出演し、一部はバーチャルらしい。

聖エドワード王冠

戴冠式の音楽については、アンドリュー・ネシンガが戴冠式の音楽監督となりアンドリュー・ロイド・ウェバーは詩篇98に基づいて新しい戴冠式アンセムを作曲し、パトリック・ドイルは戴冠式行進曲を作成したと伝えられる。

「剣璽等承継の儀」「即位礼」「大嘗祭」からなる日本の即位行事

１９４６年の「年頭詔書」は、戦後日本の出発点となった文書のひとつで、俗に「人間宣言」と呼ばれることが多い。昭和天皇は自ら「現人神《あらひとがみ》」だと言ったことはないという立場で、１９７０年にも念を押され、民主主義は明治天皇の「五箇条のご誓文」からの伝統だと仰った。こうした神話と関わりがあることで日本の天皇制度が特殊だという人が保守派にも革新派にもいるが、すでに見て来たように、英国など世界の君主制は、程度の差こそあれ宗教的な色彩を持っているのが普通だし、即位儀礼にも宗教が採り入れられている。

天皇の即位儀礼で重要なのは、「剣璽《けんじ》等承継の儀」「即位礼」「大嘗祭《だいじょうさい》」である。「剣璽等承継の儀」は、三種の神器（章末コラム参照）のうち、「天叢雲剣《あまのむらくものつるぎ》」の「写し」と「八尺瓊勾玉《やさかにのまがたま》」を引き継ぐもので、剣璽の「写し」は新しい陛下の御所で保管される。

そのあと、即位礼と大嘗祭に至るまでの諸行事は、章末資料にあるとおりだが、ここでは英国王の戴冠式に相当する「即位礼正殿の儀」について紹介する。

正殿の儀は皇居の正殿・松の間で行われる。中央に玉座にあたる八角形の「高御座《たかみくら》」がある。高さ6・5メートルで頂上には鳳凰《ほうおう》が飾られている。向かって右に皇后陛下のためのやや小型の「御帳台《みちょうだい》」が置かれている。普段は京都御所紫宸殿《ししんでん》に置かれているが、即位礼のために分解して東京に運ばれ、また、戻された。

高御座の前には秋篠宮皇嗣殿下が「黄丹袍《おうにのほう》」を着用されて立たれ、女性皇族は十二単《じゅうにひとえ》をお召しになった。向かって左側には三権の長と宮内庁幹部が並ぶ。

御帳が引き上げられると、「黄櫨染御袍《こうろぜんのごほう》」に身を包まれた天皇陛下と十二単を着用された皇后陛下が姿を現された（この帳《とばり》を上げて両陛下が姿を現される「宸儀初見」は平安時代の記録をもとに例の即位式で復活された）。

天皇陛下が即位を内外に宣言するおことばを述べられ、安倍晋三首相が「寿詞」を読み上げてお祝いを述べ、万歳を三唱し、礼砲が鳴らされた。そののち、両陛下は神器などとともに退出され儀式は終わった。

本来なら中庭に古式豊かな装束の文官・武官や宮内庁楽部の人々が並ぶはずだったが雨で屋内に待機し、「旛」と呼ばれる幟は前庭に並べられて色を添えた。クライマックスのころには雨もやみ、虹がかかっていたと話題になった。

写真／撮影　小学館写真室、日本雑誌協会代表取材

即位礼正殿の儀では女性皇族方は十二単でご参列。

写真／撮影 小学館写真室、日本雑誌協会代表取材

八角形の高御座

ロシアの戴冠式に刺激されて大正・昭和の即位礼は京都で

明治天皇の即位礼は、慶応4年（1868）8月27日に御所（現在の京都御所）紫宸殿で行われた。従来の唐様を廃し、紫宸殿南庭に地球儀を置くなど文明開化の時代らしい新機軸もあった。

このころ、東京遷都後に使い道がなくなっていた京都御所をどうするかは、頭の痛い問題だった。建物を取り壊し、売却する案すらあったが、1883年（明治16）、ロシアの旧都モスクワのウスペンスキー聖堂で行われたアレクサンドル3世の戴冠式に伊藤博文らが参列し、荘厳な儀式に感動して帰国した。

右大臣・岩倉具視は、彼らの帰国談を聞き、とくに、駐露公使であった柳原前光（大正天皇の実母の兄）からの報告や提言を容れた。そして明治天皇に意見具申し、京都の衰微にかねてより心を痛めていた天皇の賛同を得て、京都御所を保存し、即位の御大典や大嘗祭の会場にすることを決めた。世界から賓客を集めて日本の文化の素晴らしさを知ってもらうとともに、京都の復興にも役立てようとしたのだ。明治22年（1889）に皇室典範（旧皇室典範）が制定され、20年後の明治42（1909）年に、践祚と改元、即位礼や大嘗祭などの細則を定めた登極令が公布された。

大正・昭和の御大典は、京都で華々しく催行され、全国で記念事業が行われた。大阪城天守閣は、昭和3年（1928）に行われた昭和天皇の即位礼の際の記念事業として建設が決まり、勤王家だった太閤秀吉を記念して市民の寄付を募り、昭和6年に完成した。

平成・令和の即位行事は、東京でやや簡素に行われたが、明治天皇のせっかくの叡慮が顧みられなかったのは残念で、いつの日か京都に戻したら、英国の戴冠式に負けない、世界に誇ることができるものになるだろう。

王室・皇室の行事は贅沢すぎると批判を浴びやすく、チャールズ新国王も簡素化を指示したらしいが、豪華で国家の歴史を象徴するイベントを国民に見せて楽しませるのは、王室の大事な役割である。もちろん程度の問題だが、批判を気にして質素にしてしまうと、ロイヤル・ファミリーがなんのために存在するのかわからなくなる。

国王でなくとも、たとえば、フランス革命記念日の軍事パレードは莫大な費用がかかるがフランス人にとって年に1度の楽しみだ。米国大統領の就任式も国民の団結と民主主義の意義を再確認する場であって無駄使いではあるまい。

column

ウェストミンスター寺院での戴冠式

レコグニション（認知：The Recognition）

ファンファーレ（前回はアーネスト・ブロックのもの）が響き、真紅のコートと真紅のベルベットの国章を身に着けた国王が入場する（詩篇第122篇「彼らの言いたる時、われ喜ぶ」が演奏された）。ウェストミンスター寺院の中央のスペースに姿を見せると、カンタベリー大主教が、大法官、式部長官、大司馬などを伴い国民に新しい王を紹介し、君主として喜びとともに敬意を表すか尋ねる。最初は主教たちが、続いて貴族・貴人が、『ゴッド・セイブ・キング・チャールズ（神よ国王チャールズを守り給え）』と繰り返し発声し、承認と喜びを表す。

オース（宣誓）

まず着席したままの国王と大主教との間で以下のやりとりが行われる。

大主教：グレートブリテン及び北アイルランド連合王国、英連邦のその他の王国ならびにあなたの領地及びその他の領土をそれぞれの法律や慣習に従って統治することを厳かに約束し、誓いますか。

国王：そうすることを厳かに約束します。

大主教：あなたの力により、法と正義がすべての判決において慈悲のうちに執行されるようにしますか。

国王：そうします。

大主教：あなたは神の法と福音の真の教えが守られるよう全力を尽くしますか。法によって確立されたプロテスタント改革派教会が英国で守られるよう全力を尽くしますか。英国で法により定められた英国国教会の成立、及びその教義、礼拝、規律、ならびにそれに基づく統治を不可侵のうちに維持し、守りますか。また、英国の主教と聖職者、および彼らについての責任を委ねられた教会に対し、法律によって彼らないしそのいずれかに与えられたないし付随するすべての権利と特権を維持しますか。

国王：それらすべてを行うことを約束します。

その後、祭壇に案内された国王は跪いて、「先ほどここで約束したことを果たし、守ります。神よ、ご加護を。」という誓いの言葉を述べ、宣誓書に署名する。

宣誓が終わると、国王は席に戻り、使用された聖書が、「これは知恵であり、王室の法であり、神の生ける預言です」という言葉とともに国王に手渡される。

アノインティング（塗油）
国王が大主教によって聖油で清められて聖別される（本文参照）。

インベスティチャー（叙任）
儀式用の剣や王笏を与えられる儀式（本文参照）。

クラウニング（戴冠）
国王が大主教から戴冠される儀式（本文参照）。

オマージュ（忠誠の誓い）
貴族たちは君主の前にひざまずき讃美を捧げるはずだが、今回の戴冠式で王の前でひざまずくのは止めにしたともいう。なお、前回はエジンバラ公が妻である女王の前でひざますくのに強く難色を示したが、結局、ひざまずかされた。これが国王が男性だと妃は下記のようにクイーンとして戴冠されるのだから大違いである。

クラウニング・オブ・ザ・クイーン（王妃の戴冠）
王妃はここまで、座っているだけだが、指輪、王冠、笏、象牙の棒を与えられ、塗油され戴冠される（王冠は第２章）

リセッショナル（退場）
国王と王妃は聖エドワード礼拝堂へと導かれ、紫のベルベット製の王室礼服を身に着けて退場する。このときに頭上にあるのは、大英帝国王冠で、1937年にジョージ6世のために製作された。317カラットのカリナンⅡなどダイヤモンド2868個、サファイア17個、エメラルド11個、パール269粒、ルビー4個がセットされている。重さは900グラムと「エドワードの王冠」より軽い。前回は、ウィリアム・ウォルトンのテ・デウムが演奏された。エリザベス2世の戴冠式聖堂の扉が開かれると、鐘が鳴り響き、それを合図に、ロンドン中の教会の鐘が鳴らされ、祝福する。

ご即位・大礼の主な儀式・行事（2019年）

5月1日　剣璽等承継の儀…皇位を継承された天皇陛下がご即位のあかしとして、「皇位とともに伝わるべき由緒ある物」である剣及び璽を承継されるとともに、併せて国事行為の際に使用される国璽及び御璽を承継される儀式

column

即位後朝見の儀…即位された天皇陛下が、ご即位後初めて公式に三権の長を始め国民を代表する人々と会われる儀式。
5月4日　一般参賀
5月8日〜10日　宮中三殿と呼ばれる賢所（天照大神）と皇霊殿（歴代天皇等）神殿（八百万の神）に天皇陛下が即位礼及び大嘗祭を行う期日を奉告される儀式
伊勢神宮・神武天皇山陵及び前4代の天皇（孝明・明治・大正・昭和）山陵に「勅使発遣の儀」及び現地での「奉幣の儀」

5月13日　**斎田点定の儀**…悠紀及び主基の両地方（斎田を設ける地方）を定めるための儀式。悠紀は栃木県､主基は京都府となる。亀の甲羅を炙って選定する。

9月27日　斎田抜穂の儀…新穀の収穫を行うための儀式

10月22日　即位礼当日宮中三殿で天皇陛下が即位礼を行うことを奉告される儀
即位礼正殿の儀…ご即位を公に宣明されるとともに、そのご即位を内外の代表がことほぐ儀式。191か国1999人が参列。
10月22・25・29・31日　饗宴の儀…ご即位を披露され、祝福を受けられるための豊明殿での饗宴。22日と25日は着席で日本料理。29日と31日は立食。23日には外国賓客を呼んでの茶会と首相主催の晩餐会。
11月9日　天皇陛下ご即位をお祝いする国民祭典
11月10日　**祝賀御列の儀**…広く国民にご即位を披露され、祝福を受けられるための御列、皇居から赤坂御所まで。11万9000人が集まる。
11月8日　伊勢神宮に勅使発遣の儀式。大嘗祭当日に奉幣。
11月12〜13日　**大嘗祭の前日**、すべての行事が滞りなく無事に行われるよう陛下らの安泰を祈念
11月14・15日　**大嘗宮の儀**
天皇陛下がご即位の後、大嘗宮の悠紀殿及び主基殿において初めて新穀を皇祖及び天神地祇に供えられ、自らも召し上がり、国家・国民のためにその安寧と五穀豊穣などを感謝し、祈念される儀式。

11月16・18日　大饗の儀
大嘗宮の儀の後、天皇陛下が参列者に白酒、黒酒及び酒肴を賜り、ともに召し上がる饗宴
11月22・23・27・28日、12月3日　即位礼及び大嘗祭後伊勢神宮・神武天皇山陵及び前四代の天皇山陵伊勢神宮に親謁。京都御所で茶会。

12月4日　即位礼及び大嘗祭後賢所に親謁の儀
即位礼及び大嘗祭の後、賢所に天皇陛下が拝礼される儀式。即位礼及び大嘗祭後宮中三殿に親謁され賢所で御神楽を奏する。

世界の君主各国「即位式のいろいろ」

[タイ]　先代国王崩御から二年半後の2019年5月にラーマ10世の即位式が行われた。国王は、沐浴、灌頂の後に、バラモン僧から黄金の銘板や様々な宝器（九重の国家の白幢、「勝利の剣」、杖、扇とはたき、スリッパなど）を受け取られ、「勝利の大冠」という高さ66㎝の王冠をご自身で載せられた。この時、玉座の上に、王位を表象する九重の傘が据えられる。翌日には黄金色の輿で市内に出られ、国王のシンボルカラーである黄色の服の市民らが沿道に集まった。三日目には王宮のバルコニーに出られて演説を行われた。12月には御座船に乗られて水上パレードも行われた。
[トンガ]　フリーウェズリアン・センテナリー教会で西洋式の服装で王冠と杖を聖職者から授かる英国に似た形式の戴冠式が行われた。
[オランダ]　新旧国王がアムステルダム王宮で集まり女王は退位の文書に署名し、皇太子、王室のメンバーらが署名した。新旧国王は宮殿のバルコニーで国民に挨拶し、「新教会」の儀式に向かう。王冠、オーブ、王笏はあるが、信任テーブルの上に置かれる。燕尾服の上に儀式用のローブを着た国王は、憲法を支持し国を守ることを誓った。聖職者の関与はなかった。王室名に因んでアムステルダム市内はオレンジ色で飾り付けられていた。
[ベルギー]　ベルギーには王冠などのレガリアはない。両院議員の前で、「憲法とベルギー国民の法律を遵守し、国の独立と領土の一体性の維持を保護する」という宣誓のみである。
[スペイン]　新国王はコルテス（国会）で、憲法及び法律を遵守し、国民と地方自治体の権利を尊重しつつ、任務を忠実に遂行することを誓った。王冠は前に置かれていた。そののち、国王のスピーチ、下院議長のスピーチなどが続き王宮でも祝賀会はあった。
[ブータン]　戴冠式では、チベット系仏教の最高位僧から国の象徴であるワタリガラスをあしらった王冠などが国王に授けられ、祝福を示す白いスカーフが渡された。

第2章

愛と勇気の英国王室1000年史

英国王室王位継承権者は5000人もいる

英国では、17世紀の宗教戦争ののち、国王となるためには、ノルマン征服（コンクエスト）をなしとげた英王室始祖であるウィリアム1世の子孫であるだけでなく、「スコットランド王家だったステュアート家がイングランド王を兼ねるようになった初代にあたるジェームズ1世の孫娘であるハノーバー公妃ゾフィーの子孫であり、プロテスタントである」ことも新たに要求されるようになった。

この規定で、ステュアート本家の王子たちやカトリック教徒が排除された結果、ドイツのハノーバー選定侯が王家になった（※）。

この条件に当てはまる人は、2015年に新制度に移行する前の2011年時点で4973人に上り、継承順位も決まっているから、王位継承者がいなくなることはほぼあり得ない。

そして、家名は、19世紀にビクトリア女王が夫に迎えたのが母の兄弟の子であるドイツのサックス・コーバーグ・ゴータ（ザクセン＝コーブルク＝ゴータ）家のアルバートだったので、ビクトリア女王の意向で子孫は「サックス・コーバーグ・ゴータ」を家名にすることになった。それを第一次世界大戦中の1917年に王家の名前がドイツ由来ではまずいという

※ジャコバイトという反対派はこの排除措置を認めず、現在ではリヒテンシュタイン皇太子妃を正統な英国女王としている。

ことで、ウィンザー家に変更した。

だが、エリザベス女王の即位に際して、再び家名をどうするかが問題になった。夫君であるフィリップ殿下の家名が複雑な事情でややこしいことと、王室や政府の間で殿下の家名をもって王家の名にすることに反対があったからである。

フィリップ殿下は、1921年、ギリシャのコルフ島で、ギリシャ王子アンドレアスとドイツのバッテンベルク家出身のアリキ（アリス）妃の第5子（長男）として生まれた。生まれたときはギリシャ王家の一員として、「ギリシャとデンマーク王子であるフィリポス殿下（※①）」だったが正式な家名は、ギリシャ王家はデンマーク王家の分家で、父系をたどっていくと北西ドイツのグリュックスブルク家（※②）だった。

だが、生後1年ほどでクーデターが発生し、国を離れることになる。最初は親戚であるパリのボナパルト家の世話になったが、父は放蕩を繰り返し、母は精神を病んでギリシャ正教の信仰生活に入った。そこで、母の実家がドイツから英国に移住してマウントバッテン家となっていたので、スコットランドの寄宿学校で学ぶこととなった。

そして、エリザベス王女との結婚を円滑にするために、英国に帰化し、ギリシャ正教から英国教会に改宗した。さらにギリシャとデンマークの王位継承権を放棄するとともに、母方実家のマウントバッテンに改姓した（詳しくは章末のコラム欄を参照されたい）。

※①（プリンス・フィリップ・オブ・グレイス・アンド・デンマーク）、略しては「フィリップ・オブ・グレイス」　※②正式には、シュレースビヒ＝ホルシュタイン＝ゾンダーブルク＝グリュックスブルク家。

エリザベス女王が即位したときに、フィリップ殿下の叔父であるルイス・マウントバッテンは、「これで英国王室は、マウントバッテン王朝になった」と吹聴したが、それに怒った当時のチャーチル首相と女王の祖母（ジョージ5世の王妃メアリー・オブ・テック）が手を組んでウィンザー家のままだと宣言した。

フィリップ殿下はこれを強烈に不満としたので、エリザベス女王はチャーチルの引退後に、妥協案として、王朝名はウィンザーだが、殿下の称号を持たない子孫はマウントバッテン・ウィンザーを名乗ることにした。だから、ヘンリーの子供は、2023年3月に王子、王女の称号が認められるまでは、アーチー（あるいはリリベット）・マウントバッテン・ウィンザーと名乗っていた（英王室の人々がどんな場合にウィンザーでどんなときにマウントバッテン・ウィンザーなのかはそれほど明確でない）。

チャーチル首相に警戒された女王の夫君

ヨーロッパでは王位継承予定者は、だいたい他国の君主の子と結婚していた。身分違いの結婚をすると、貴賤婚といって継承資格を失ったりもした。したがって、ほとんどの王妃や女王の夫は外国人だったが、ドイツには小さい領邦国家がたくさんあったので結婚相手の供給源として便利だった。

ところが、ジョージ6世の王妃でエリザベス女王の母親であるエリザベス皇太后（※）は、スコットランドのストラスモア・アンド・キングホーン伯爵の娘である。

父親がジョージ5世の次男なので「恋愛結婚」を許してもらっていたのだが、エドワード8世がアメリカ人のシンプソン夫人との「王冠を賭けた恋」のために退位したために、突然、王妃になってしまった。

王となったヨーク公アルバート（即位の時に名前は選べるのでジョージ6世を名乗った）は、帝王教育も受けていなかったし、映画「英国王のスピーチ」でも知られているように、吃音克服のために努力が必要だったが、大戦時の国王として信頼を得た。

エリザベス（2世）は、１９２6年に誕生し、エリザベス・オブ・ヨーク王女殿下（ハー・ロイヤルハイネス・プリンセス・エリザベス・オブ・ヨーク）と呼ばれた。

１９３6年に父親がジョージ6世となったので、10歳で国王の推定相続人となった。夫のエジンバラ公フィリップとは、１９３９年に国王一家がダートマスの王立海軍兵学校を訪れたときに一目惚れし、１９４7年に結婚。チャールズ王子とアン王女が生まれた。

だが、ジョージ6世は、戦争中の激務と心労がたたって、肺がんや血栓に悩まされ、１９５2年に57歳の若さで亡くなった。このとき、エリザベス王女はケニア訪問中だった。

エジンバラ公フィリップは、その一家とナチス政権との関係の深さや、性格的にもせっか

※女王からチャールズに王位が移ったので、正確には「エリザベス皇太后」でなく「エリザベス・アンジェラ・マーガレット・ボーズ＝ライアン」

ちで我を張りがちなところがあって、英国の大貴族出身のチャーチル首相の気に入らず警戒された。

女王が帰国し、枢密顧問会議を招集したときも、フィリップはセント・ジェームズ宮殿に正門から入ることも玉座の間へ同伴することも拒否された。ビクトリア女王の夫であるアルバート公は、王配殿下（プリンス・コンソート）と呼ばれ国家機密へのアクセス権ももっていたが、チャーチルはフィリップには与えなかった。

結婚直後は、単なるエジンバラ公殿下だったが、チャーチルが引退した1957年になって「英国公子（プリンス・オブ・ユナイテッドキングダム）」が加えられた。人気ドラマ「ザ・クラウン」では、この肩書きを「王配殿下」と訳していたが、これは適切な訳ではない（※）。

こうした屈辱的な仕打ちをフィリップ殿下は怒り、女王は夫のために努力したが、君主としての自制心も働かせた。王族たちや重臣たちも敵だったから苦渋の選択だった。

そこで、せめてということで、子どもたちの教育は夫に任せた。フィリップは張り切ってチャールズをスパルタ教育しようとし、自身の母校で鉄拳教育で知られるスコットランドのゴードンストウン校に入れた。だが、内気なチャールズには向かなかった。女王はおっとりとした校風のイートン校の方がいいと思ったし、周囲からフィリップのやり方に注文をつけるようにいわれたが公式の場での冷遇への引け目からいえなかった。

※英国王室事情をドラマ化したネットフリックスの「ザ・クラウン」は世界的に大ヒットした。いまやその内容がほぼ史実として受けとられ、ヘンリー王子までファクトチェックをこのドラマでしていると発言した。

保育園で働くダイアナが皇太子妃に選ばれた理由

母親としての役割にはあまり熱心でなく、君主としての義務を優先する女王と、彼のようなデリケートなタイプにとっては厳しすぎる父親のどちらにも甘えられなかったチャールズは、母親の代わりになるような姐御タイプの女性に惹かれるようになった。

カミラ・ローズマリー・シャンドは、ボーイフレンドで社交界の人気者だったアンドリュー・パーカー・ボウルズの紹介でチャールズと出会った。アンドリューは、王室騎馬隊の一員でチャールズのポロ・チームに属し、アン王女とも親しい関係だった。

チャールズもカミラもポロや狩猟が好きで、かつ、古典的な教養人であり、趣味や考え方がぴったりだった。

ただ、年上であまり華やかな容姿とはいえず、国民がもつプリンセスのイメージではなかった。チャールズは求婚に踏み切れないまま軍務につき、帰ってきたときにはカミラはアンドリューと結婚していた。

妃選びでチャールズに助言を与えた大叔父のマウントバッテン卿は、大衆紙の餌食にならないことが大事で「処女であること」を皇太子妃の絶対条件とした。婚約当時は20歳にもならなかったダイアナ・スペンサーは、もともとチャールズの付き合っていた女性の妹で、ス

写真／撮影　小学館写真室、日本雑誌協会代表取材

1986年来日時。ロンドン在住の日本人デザイナーの手によるロイヤルブルーのドレスが話題になった。

イスの女学校で学んだあと保育園で働きはじめたばかりで条件にぴったりだった。

意外かもしれないが、ヨーロッパでは「学問をすることは、ブルジョワ的な趣向に基づくもの」という考えがあり、上流階級にはふさわしくないとみられてきた。男性は軍人などになり、女性も大学教育をあまり受けなかった。だから、チャールズなどと同世代のグレース・ケリーの娘であるキャロライン・モナコ公女がパリ大学に通ったときは、母親譲りの美貌と画期的な学生生活の選択で人気沸騰し、フランスの大学生なら誰でも結婚したいと思う女性ナンバーワンとすらいわれた。

カミラとの恋に破れたチャールズは、それが「50年は続く人生で最も責任ある物事のひとつ」であって、「狂ったような恋に陥るというよりは強い友情だ」と割り切っていた。

チャールズとダイアナ妃の間には、ウィリアムとヘンリーが生まれたが、ヘンリー王子誕生の際、チャールズは、出産したばかりのダイアナ妃に「素晴らしい！　君は僕に王位後継者とスペアを産んでくれた。僕の仕事は終わった」と語ったと、2023年1月10日に発売され衝撃を与えたヘンリーの自伝に書いてあり、本のタイトルになっている。

父母が幼い頃に離婚して世知に疎いダイアナは、おとぎ話のような王子様との結婚を夢見ていた。結婚前にマスコミから追いかけられたときにも愛想良く接し、落ち着いていると評価されたが、映画スターのように扱われるのが嬉しくてたまらなかったらしい。

「ザ・クラウン」には、ダイアナ妃がチャールズへのプレゼントとして寸劇を演じて喜ばそうとしたがあまり喜んでもらえなかったこと、チャールズの従姉妹一家も交えて地中海クルーズに出かけた際には、ダイアナがショッピングやビーチでの遊びを望んだのに対して、チャールズが古代遺跡巡りを主張したこと、さらには、女王を始め女性たちまでスコットランドでの狩猟が何よりの楽しみという王室一家になじめない様子が描かれていた。

そうした中、カミラという人妻の愛人がいることを知り、精神の平衡を失って、慰めてくれる騎兵将校やパキスタン人医師など多くの男性と関係を持ち、やがて離婚した。BBCの記者（パキスタン系のマーティン・バイルール記者）の作り話を信じて、テレビ番組で赤裸々な告白をしたのが墓穴を掘った。

1992年は、アン王女の離婚と再婚、アンドルー王子夫妻の別居、『ダイアナ妃の真実』の出版、ウィンザー城の大火災などが重なり、「アナス・ホリビリス（ラテン語で酷い年の意味）」だったとエリザベス女王は嘆いた。

さらに12月にチャールズとダイアナが別居を決めてしまう。やがて夫妻は1996年に離婚したが、条件は非常にダイアナに有利なもので、ヨーロッパの王室に入った妃たちがその後、強い立場で離婚を選択できる前例になった（具体的な条件を詰めたのは時のメージャー首相。ダイアナに甘く王室側には不満が残ったが泥沼化は避けられた）。

女王は死の直前にカミラ夫人が王妃となることを承認した

ダイアナ妃は、１９９７年8月31日、パリで交通事故に遭い36歳で死去した。再婚を噂されていたアラブ人富豪のアルファイド氏と、アルファイドが所有するホテル・リッツでの食事後、ブーローニュの森の館に戻るべく、ホテルの裏口のカンボン通（シャネルの本店がある狭い通り）から車に乗った。

リボリ通を西に向かってコンコルド広場に入り、左手にライトアップされた噴水を見ながら、時計と反対に回るとシャンゼリゼ通を横切って、右手の遠くに凱旋門が見えた。

セーヌ川の河岸に出るとナポレオンの墓があるアンバリッドの巨大な金色のドームが左に、前方にはエッフェル塔がライトアップされていた。アルマ橋の下を通るトンネルに入ったが、そこで、追いかけてくるパパラッチの車を気にした運転手のミスで事故は起きた（余談だがこのコースは筆者＝八幡のパリでの通勤ルートだった）。

ドディ・アルファイドの父親は、エジプト第二の都市アレキサンドリア生まれのエジプト人。ドバイの開発事業などで財をなし、パリのリッツ・ホテルやロンドンのハロッズ百貨店を買収していた。息子のドディは、スイスの名門校ル・ロゼやウィリアム王子とハリー王子も通った英国のサンドハースト王立陸軍士官学校を卒業した。

もしダイアナが死なずに彼と再婚していたら、チャールズとカミラの再婚もさほど問題なかっただろう。だが、悲劇的な死ののちダイアナは聖女のように扱われ、再婚は２００５年になってやっと女王の同意が得られた。

フィリップ殿下の女王への影響力封じ込めと、その代償として子供たちの教育をフィリップに任せたことがウィンザー家の悲劇の始まりだったかもしれない。チャーチルのやり方は、夫に振り回されないよう女王を教育しようという意図は分かるが、女王とフィリップ殿下との信頼関係に悪い傷を与えることの弊害に鈍感だった。

欧州諸国では21世紀の初頭に、ベルギー、オランダ、スペイン、バチカンで国王の生前退位が相次ぎ、英国はどうするのかという声が上がったが、エリザベスはチャールズに王位を譲らなかった。これは、離婚問題もあったが、英連邦との関係での難しさ、若いころに女王に相談せずにウェールズ語で演説したことや、環境問題などでの積極性など、政治的発言を制御できるか不安に感じたこともあるかもしれない。

カミラは本来なら名乗るはずの「プリンセス・オブ・ウェールズ」ではなく、チャールズが持っている別の称号である「コーンウォール（※）公爵夫人」を名乗った。国民がダイアナと同じ称号を名乗ることを喜ばなかったからである。

しかし、こうしたカミラの辛抱強さ、短気で潔癖症であるチャールズの手綱を巧妙に締め

※ブリテン島南西部の半島でケルト人が多い地域。国王の長男がコーンウォール公という世襲爵位で領有している。

Shutterstock／アフロ

チャールズ皇太子とカミラ妃の結婚時の記念写真

て皇太子として無理なく務めを果たすことを可能にしているカミラの手腕は徐々に評価されるようになり、エリザベス女王は2022年の即位70周年のメッセージで「チャールズの即位後、彼女がクイーン・コンソート（王妃）と呼ばれることを望む」と声明した。

キャサリンは庶民出身のしっかり者、メーガンはアメリカの芸能人

ダイアナの遺児のうち、ウィリアム王子は、セント・アンドリュース大学で知り合ったキャサリン妃（ケイト・ミドルトン）といったん破局を噂されたものの、結婚にこぎ着けた。ウィリアム王子は、「ほかの男性との交際経験があること」を未来の花嫁の条件にした。長い時間をかけて妃殿下になる素質があるかを見極め、心構えをしたうえでの結婚で、伝統的な価値観とは離れているが、生活も公務もたいへん安定している。ただ、これまでは、皇太孫夫妻という気楽な立場だったが、皇太子夫妻となると公務も堅苦しいものが増える。そうしたときに、これまでと同じように気楽に伸び伸びとしていられるかは未知数だ。

持って回った王室流の言い回しとは違う物怖じしないキャサリン妃の自己主張が、夫であるウィリアムにも影響を与えている。キャサリン妃を守りたい気持ちもあって、ウィリアムがヘンリーやメーガン妃と衝突していたことも『スペア』などで明らかにされた。

ウィリアム、キャサリン側の言い分に分があるが、模範生と見られていたイメージとのず

れが明らかになって夫妻とも人気は低下気味で試練の時だ。

２０１３年の制度改正で、この2人の間の第一子が、男女を問わず、王位継承予定者になることが決まっているが、第一子はジョージ王子。継承順位第2位は、第三子で次男のルイ王子でなく、第二子で長女のシャーロット王女である。

ウィリアムの弟がサセックス公爵ヘンリー王子。もともと軽率な振る舞いも多かったが、アフガニスタンでの軍務で活躍し、明るい印象で人気があった。ところが、２０１８年にアメリカ人俳優で離婚歴のあるメーガン・マークルと結婚したが、メーガンの奔放な振る舞いや王室の伝統への反抗的態度は厳しい摩擦を引き起こし、２０２０年には「主要王族の立場から引退し、英国と北米を行き来しながら生活する」と発表した。彼らは贅沢な生活を求め、暴露本出版や番組出演などで王室との関係は悪化するばかりである。

チャールズ国王には妹のアン王女とアンドルー王子（ヨーク公）、エドワード王子（ウェセックス伯爵）の弟がいる。また、エリザベス女王には妹としてマーガレット王女がいた。

アン王女はモントリオール五輪の馬術競技に出場し、ロンドン五輪誘致でも活躍した。五輪金メダリストと結婚したが離婚して海軍軍人と再婚。母の落ち着きと父の強さという両親のいいところを備えているとして、両親の信頼も厚く、評価が上がっている。

アンドルーは女王の即位後に生まれた子である。パイロットとしてフォークランド紛争に従軍し人気を得たが、奔放なセーラ妃と離婚し、2014年に米国人実業家であるジェフリー・エプスタインの仲介で未成年者と不適切な関係を持ったスキャンダルで公務から退かされた。ヨーク公爵は祖父・ジョージ6世が名乗っていた爵位だ。

エドワードは堅実な生活を送っており、庶民出身のソフィー妃の評判もいい。エセックス伯爵という由緒はあるが低い爵位だったが、2023年3月に父親のエジンバラ公爵を継承した。

エリザベス女王には4歳年下のマーガレット王女という妹がいた。ファッショナブルで人気があり、「ローマの休日」のプリンセスは彼女のイメージから膨らませたものといわれている。離婚歴があり16歳も年上で侍従武官のピーター・タウンゼント大佐と恋愛関係になった。政府は結婚するなら王位継承権、年金受給権を剥奪するとし、英国国教会も反対した。大佐はベルギーのイギリス大使館に異動させられ、王女は結婚しない声明を出した。

1960年、写真家のアンソニー・アームストロング＝ジョーン（後にスノードン伯爵となる）と結婚し、二児があるが、ファッション業界との交際が広い写真家で業界独特の男女との乱れた関係に悩まされ、自身も派手な生活と芸能人らとの不倫に走り、離婚した。晩年は車椅子での生活で2002年に死去した。

エリザベス女王とはとても仲のいい姉妹で、エリザベス女王は、妹の苦しい立場に同情し、それをヘンリー王子に重ね合わせたので比較的、寛容だったといわれる。

ヘンリー王子とメーガン妃の間には、2019年に長男のアーチー（王族らしくない庶民的な名前）が誕生した。2021年には、女子が誕生し、リリベットと名付けられた。エリザベスという発音が難しかったので、女王の幼少時に愛称としてつけられた名前だ。

バッキンガム宮殿など英国王室の城と宮殿

国王の公邸はビクトリア女王時代の1837年からバッキンガム宮殿である。ネオクラシック様式で、赤坂の迎賓館のモデルといわれる。宮殿正面広場にはバルコニーが設けられ、女王の銅像をあしらったビクトリア記念碑が置かれ、セント・ジェームズ・パークとトラファルガー広場につながるザ・マルがプラタナス並木に沿って伸びる。衛兵交代式が行われるのもここだ。

チャールズ国王の皇太子時代のロンドンでの住居だったクラレンス・ハウスは、エリザベス女王一家が女王になるまで住んでいた。ケンジントン宮はウィリアム皇太子の住居で、ダイアナ元妃も住んでいた。テューダー様式による赤煉瓦造りのセント・ジェームズ宮殿は、メアリー女王の時からビクトリア女王まで、英国国王や女王の住居だった。君主が亡くなると、プロクラメーション・ギャラリー（布告の間）で新国王の即位が正式に発表される。現在は、アン王女らのロンドンでの住まいでもある。

ウィンザー城は国王の私邸。エリザベス女王夫妻はロンドンの喧騒から離れたこの地で週末を過ごし、ここに葬られている。ロンドン北東のサンドリンガム・ハウスは王室がクリスマスを過ごす。ハイ・グローブハウスはチャールズ国王が皇太子時代の私邸。

スコットランドの首都はエジンバラ。ホリールードハウス宮殿は公式の王宮で、1565年、メアリー女王の前で彼女の秘書で愛人といわれたダビド・リッツィオの殺害が行われた部屋が残る。メンデルスゾーンはここで「スコットランド」交響曲冒頭のもの悲しい曲調の着想を得た。バルモラル城は王室の夏の別荘で、エリザベス女王はここで亡くなった。

プリンス・オブ・ウェールズの就任式はウェールズ北西のカーナボン城で行われるが、チャールズ国王が皇太子時代に現地語でスピーチして話題になった。国王の北アイルランドの公邸であるヒルズバラ城は、北アイルランド担当大臣の公邸でもある。

エリザベス女王の愛犬はコーギー

英王室はいろいろな動物を伝統的に可愛がってきた。大の動物好きでも知られていたエリザベス女王は馬と犬をこよなく愛していることは有名だった。なにしろ乗馬や狩猟が大好きな一家で、女王と似ているがフィリップ殿下の強さも兼ね備えているといわれたアン王女は五輪の馬術競技に男性に交じって出場したくらいだ。

サッチャー首相が狩猟に招待されて困ったし、ダイアナ妃もそういう雰囲気になじめなかった。

女王は競馬の馬を所有もしていた。バブルの頃には、「私の好きだった馬が次々と日本人に買われている」と漏らされたこともあった。

犬の中では、とりわけコーギーがお気に入りだった。飼い始めたのは7歳頃の1933年だが、18歳の誕生日に両親からスーザンをプレゼントされて以来、女王はその子や孫を何世代にもわたり世話してきた。コーギーは凛々しい表情の割には人なつっこく女王にはふさわしかった。女王が飼ったコーギーの数は30匹を超えるとみられる。バルモラル城で亡くなった時点では飼っていたミックとサンディーは、もともとアンドリュー王子とセーラ元妃のプレゼントだったので彼らの元に引き取られた（ふたりは離婚後も同居している）。コッカー・スパニエルの「リッシー」は、飼育係が引き取った。

2015年に女王は「まだ若い犬を後に残していきたくない」とあえて新たに子犬を飼うことをしないと話していたといい、愛する犬たちの将来を気にかけていたようだ。

チャールズ国王とカミラ王妃は、ジャック・ラッセル・テリア2匹と暮らしている。とても賢く運動能力が高い犬種で、カミラ妃の「代理」で除幕式に参加して話題になったほどだ。

代表撮影／ロイター／アフロ

エリザベス女王の愛犬たち

ウィリアム皇太子夫妻はイングリッシュ・コッカー・スパニエルを、アン王女は何十年もイングリッシュ・ブルテリア等々、それぞれ犬たちを慈しんで一緒に暮らしている。

王冠を飾るカリナンⅡなど英王室とジュエリーの物語

エリザベス女王は王室に代々伝わるものや、家族から、また各国の要人から贈られたものなど多くの宝飾品を所有していた。また、皇族の妃たちにも宝飾品を貸し出したりもしていた。誰をも魅了するジュエリーコレクションなのである。

最もよく知られているのは、戴冠式に用いられるジュエリー一式「クラウンジュエルズ」で、普段はロンドン塔に厳重に保管されている。

すでに戴冠式の項目で紹介したが、正式の王冠である「聖エドワード王冠」にはたいした宝石は使われていない。「大英帝国王冠」は、退場とパレードのときに登場するが、毎年の議会開会式での演説の際にも使われるのでおなじみだ。父のジョージ6世のために新調されたのをエリザベス女王の戴冠式の際に女性用に低めに改修された。王冠の頂点にある十字には「聖エドワードのサファイア」が置かれ、317カラットでクッションカットの『カリナンⅡ』、エドワード黒太子のルビー（実はスピネル）などがあしらわれている。

1905年に南アフリカで発掘された、重さ3106カラット（約621グラム）の「カリナン」は、大粒のダイヤモンド9石と、小粒の約100石となった。そして、カリナンⅠは王笏に、カリナンⅡは、大英帝国王冠に使われていることは、すでに紹介したが、カリナンⅢ（94・4カラット）、カリナンⅣ（63・6カラット）は主にブローチとして使われている。ハート型のカリナンⅤ（18・8カラット）はメアリー王妃がブローチに固定するようオーダーしたもので、エリザベス女王お気に入りのブローチのひとつである。メアリー王妃は、カリナンⅥ（11・5カラット）をカリナンⅧのブローチからぶら下げてペンダントとして使用した。

王妃の戴冠式にあっては、国王の曾祖母であるメアリー王妃（※）の戴冠式に使った王冠が再利用される。資源再利用ということで新調はせず、かつ、祖母のエリザベス皇太后のものにはインドの寺院から盗まれたといわれるコイヌールというダイヤが使われているので注目されていたので、曾祖母のものを使い、しかも、宝石はエリザベス女王の愛用していた宝石のどれかが使われるという。

エリザベス女王のお気に入りで、ティアラの中で最も有名でかつ最もよく身につけていたのは「ウラジミール・ティアラ」である。熱心なジュエリーのコレクターであり、ファッションリーダーでもあった祖母のメアリー王妃が、1921年にロシア・ロマノフ家のウラジミール大公妃（マリア・パヴロヴナ）から買い取った。

※メアリー・オブ・テック。ジョージ5世の王妃。

ティアドロップ形のパールがオリジナルだったが、メアリー王妃がパールを他の宝石と取り替えたり、パールを外してシンプルなティアラとしても使えるように微調整した。その後、初代ケンブリッジ侯爵夫人に由来する「ケンブリッジ・エメラルド」にも付け替え可能にし、着用時にはスタッフが1時間ほどかけて組み立てる。

ブラジルから贈られたアクアマリンのイヤリング&ネックレスと別途、オーダーしたティアラのセット「ブラジリアン・アクアマリン・パリュール」もよく見受けられた。

ビクトリア女王の夫であるアルバート王配がデザインした「クラウン・ルビー・ネックレス」と「クイーン・ヴィクトリアズ・クラウン・ルビー・ブローチ」のセットは母親のエリザベス王妃愛用だったが、女王は「バーミーズ・ルビー・ティアラ」も一緒にして好んで使っていた。ジュエリーは英王家においても、何世代も受け継ぐことのできる、家族の思い出や絆の物語なのである。

キャサリン妃のハイストリートファッション

英王室はパールが大好きだが、これについては、日本とのつながりも多いので、第4章で紹介する。

エリザベス女王のお気に入りのブランドと言えば、バッグなら職人技が光る英国発の「ロウナー（※①）」。このバッグを持ち始めたのは1960年代で、200種類もの異なるバージョンを持っていると言われていた。ロイヤルファミリー御用達としてイギリスで愛されている。

フルトン（※②）は、透明な傘で、縁取りの色を服装と同色にコーディネート、傘をさしていてもちゃんと女王の表情が見える、

21歳のころ、フィリップ殿下との結婚で着用したウエディングドレスは、ノーマン・ハートネルによるデザイン。イギリス王室お抱えのモード界の重鎮でもあり、優雅で品位のある装いや見事な刺繍は流行を超えた上質なものであった。メアリー王妃、エリザベス女王たちをも愛用した。

ダイアナ妃は、皇太子妃候補だった頃は初々しく親しみがあって真似しやすいスタイルで人気だった。伝説となったウエディングドレスは、当時夫婦デザイナーデュオだったデヴィッド&エリザベス・エマニュエルが手がけた。

チャールズとの離婚後はそれまでの保守的な外見を取り去って、ギリシャ人デザイナー・クリスティーナ・スタンボリアンによるミニ丈、オフショルダーのブラックドレスで、自立を宣言し、リベンジドレスとも呼ばれた。ダイアナ妃のもっとも象徴的なファッションモーメントのひとつとして知られる。

※①Launer
※②Fulton

Press Association／アフロ

婚約発表時のキャサリン妃

カミラは結婚式で、アンナ・バレンティノがデザインした金刺繡が美しいドレスコートを着用した。公務ではパステルカラー、ネイビーなどが定番。ジュエリーはほとんどパールを選び、インパクトのある帽子スタイルがお好みだ。

キャサリン妃は、主要な英国ロイヤルメンバーでありながら、ハイストリートファッション（※）のアイテムを着用することでも知られていて、リーズナブルな価格のさまざまなファッションアイテムを身につけて、それをシンプルに着こなす。

２０１０年婚約発表時に、イッサ・ロンドンによるロイヤルブルーのドレスを着用した。このドレスは、ダイアナ妃が愛用したサファイアの婚約指輪とぴったり合っていた。英国版『エル』誌によると、43か国で売り切れたそうだ。

２０１９年に、チェルシー・フラワー・ショーでの家族のスナップ写真をインスタグラムで公開した時、キャサリン妃が着ていたバルーンスリーブと胸元にリブを施したフローラルドレスはアンド・アザー・ストーリーズのもの。価格は１００ポンド（約１万５０００円）以下であることがわかったとたん、このアイテムはすぐに完売した。このドレスはキャサリン妃のハイストリート・ルックの中で最も象徴的なもののひとつとなっている。

エリザベス女王の長女アン王女は、エレガントな装いを得意とし、公式な場所でも同じ服で何度も登場するほど着回しの達人だ。物持ちもよく、淡いラベンダーカラーのコートと帽

※トレンディーな商品を低価格で大量生産するブランドの服を基本にしたスタイル。都市の中心部の大通り（ハイストリート）に大型店を構えて業績を伸ばしてきた製造小売業で、H&M、トップショップ、プリマーク、ザラなどが代表的。

子はよく登場するし、イエローのコートなど35年間も愛用している。

スカーフの結び方を変えたり、小物次第で印象をがらりとチェンジさせることも得意。「いいものは長く着られる」とアン王女自身が証明している。ずっと大切に保管していることも素晴らしいが、体型も変わらず着こなせていることは驚くべきことである。

エリザベス女王の妹マーガレット王女は、美貌だけでなく、気品と知性を備え、おしゃれ感度が高く、「元祖ファッションアイコンとして有名。ダイアナ元妃が「レディ・ディオール」のバッグを愛用して、爆発的な知名度となったことは有名であるが、マーガレット王女はファッション界において、クリスチャン ディオールが世界的に有名ブランドになる前から、ディオールの大ファンのひとりで１９４７年頃からディオールを着ていたそうだ。

エリザベス女王は何十年もの間ワントーンの服を着続けてきたし、次の世代のロイヤルメンバーも、そのスタイルの影響を強く受けているようだ。

英国初代ウィリアム征服王の墓はフランスにある

イングランドの最初の住民がどのような民族だったかは諸説あるが、紀元前8世紀あたりから森の民であるケルト人（アイルランド人やウェールズ人の先祖）がやってきて、ついでローマの支配を受けるようになったとされる。

だが、ゲルマン諸民族の侵入に耐えかねて419年に撤退し、アングロサクソン族の七王国（ヘプターキー）が成立し、それが統一されてイングランド王国となった。

だが、エドワード懺悔王の継承をめぐる争いの中で、親戚のノルマンディー公国のウィリアム1世に征服された。戴冠式に使われた王冠や王笏はロンドン塔に所蔵されているが、ここはウィリアムの宮殿だったところだ。これとエドワード懺悔王の時から建設されていたウエストミンスター寺院の完成でロンドンが首都として定着した。

ノルマン征服でアングロサクソンの伝統的支配層は一掃され、フランスからきた貴族たちが支配層となった。しかし、彼らはフランスに住んでそこでの地位の確保を優先した。

なにしろ、ウィリアム1世とマティルド王妃の霊廟は、ノルマンディー公国の都だったカーンという大学都市にいまもあるし（遺体はフランス革命時に捨てられてしまった）、イングランド征服劇を王妃が描かせた数十メートルの長さの刺繍からなるタペストリーは、同じくバイユーという町に展示されている（英国に貸し出されて展覧会で展示される予定があり英仏友好の象徴として話題になっている）。

そのあと、ウィリアムの子供や孫の戦いが続いたが、4男ヘンリー一世の娘マティルド（神聖ローマ帝国皇妃だったこともある）の息子であるフランス人のアンジュー公アンリ（ヘンリー2世）が王位について、プランタジネット朝が始まった。

しかも、ヘンリー2世の妃は、フランス王と結婚したが十字軍に従軍して行った中東での奔放な振る舞いを理由に離婚されたアキテーヌ（ボルドー）地方の女性相続人アリエノールだったので、ノルマンディーからピレネー山脈までのフランスの西半分を支配する封建領主ともなった。

ここから、ヘンリー2世、アリエノール、長男で十字軍の英雄として知られるリチャード1世獅子心王（銅像がウエストミンスター宮にあるなど、歴代の英国王の中で最高の人気者のひとり）、3男のジョンなどが入り乱れて争った様子はシェークスピアの『ヘンリー二世』の主題だが、舞台はフランスで、彼らはフランス語しか話さなかった。

しかし、徐々にイングランド化していたノルマン貴族たちは王家に振り回されることを嫌い、貴族たちに相談せずに王権を行使しないようにジョン王（ヘンリー2世の末子）に約束させた（1215年）。これが、「マグナカルタ」（大憲章）である。

英国王がフランス国内で国王直轄領より大きい封建領主でもある状況は長続きするはずもなく、フィリップ2世（尊厳王）やルイ9世（聖王）など名君が多かったフランスは難癖をつけては領土を回収する一方、王女を英国王と結婚させて懐柔したりもした。

ところが、3人の王子たちの妃の集団不倫を、たまたま里帰りしていた王女で英国王妃だったイサベラが女の勘で見抜き彼女たちは幽閉された。しかし、不貞は離婚理由にならないので新しい妃を迎えるのに手間取っているうちに、フィリップ4世の男系子孫は断絶した。

そこで、イサベラの息子であるイングランドのエドワード3世と、フィリップ4世の甥であるバロワ家のフィリップ5世が王位を争った。これが、英仏百年戦争（1339〜1453年）の始まりである。

それが前半戦だが、後半戦ではシャルル6世の娘婿エドワード5世が再びフランス王位を狙い、さらに、バロワ家の分家のブルゴーニュ家が、婚姻でオランダ・ベルギーなどライン川河口の低地地方とフランス東部をまとめ独立する勢いとなって英国と手を結んだ。幼児だったヘンリー6世はフランス王としての戴冠式までしたが、ジャンヌ・ダルクの出現で最後の場面で阻止された。

薔薇戦争はフランス王になりそこねたヘンリー6世が、正気を失うことが多かったがときどき正気に戻るという病だったことから、ヘンリー6世らに家紋が赤い薔薇のランカスター家と、遠縁である白い薔薇のヨーク家が王位を争った薔薇戦争（1455〜1485年）で、フランス系のプランタジネット朝は滅びてしまった。

いずれにせよ、英国王にとっては屈辱的な敗北だったが、もし勝っていたら、英国王はフランス王としてパリに住み、イングランドはスコットランド王ジェームズが英国王になったのちのスコットランドのような従属的な立場になったから双方にとってよかった。

ヨーク家最後の王であるリチャード3世（シェークスピアの『リチャード3世』は、文豪の最高傑作のひとつ）は、狡猾、残忍、不敵な話術で反対者を葬って王位に就いたが、最後は母系ながらランカスター系の血を引くテューダー家のヘンリー7世に敗れて戦死した。

王の遺体は行方不明になっていたが、２０１２年にレスター市内の駐車場で発見された人骨から採取したＤＮＡが、姉アン・オブ・ヨークの子孫であるカナダ人の家具商のＤＮＡと一致した。ただ、ヨーク家出身のリチャード3世と現王室につながるランカシャー家が共通の男系先祖を持たないことも判明した。どちらかの妃が浮気したらしい。

エリザベス1世のテューダー朝はウェールズ出身

テューダー家のヘンリー7世の祖父であるオウエンはかつての王家の血を引くウェールズ貴族だったが、ヘンリー5世未亡人のキャサリン（フランス王シャルル6世の娘。ヘンリー6世の母）の秘書役として仕えていて愛人関係になり密かに結婚して4人の子供をもうけた。

彼らの長男のリッチモンド伯エドマンドはランカスター家の血を引くマーガレットと結婚し、生まれたのがヘンリー7世である。しかも、ヘンリー7世は、ヨーク家の王女と結婚したので、ランカスター家とヨーク家が結合され薔薇戦争は終わった（複雑な関係は詳細な系図をご覧いただきたいが、騒動のもとになったフランス王女イサベラはしっかりと英王室にそのDNAを伝えているわけである）。

海の民でもあるケルト系のウェールズ人だったテューダー家の人々は、騎士道に生きたフランス人を先祖に持つプランタジネット家（ランカスター、ヨークもその男系の分家）の王たちと違って、実際的で進取の気風に飛んでいた。

ヨーロッパでイングランドが大国となったのは、ヘンリー8世（在位1509〜47年）とエリザベス1世（在位1558〜1603年）というふたりの偉大な君主が登場したテューダー朝の時代からである。

スペインのイサベル女王の娘であるキャサリン・オブ・アラゴン（兄の妃で4歳年上だった）と結婚したヘンリーは、なんどか流産し長女メアリーしかいなかったので、結婚を無効にしようとした。ヘンリー8世は宗教改革に反対していたので教会との関係は良かったし、結婚を無効にできる理屈もあったのだが、キャサリンは皇帝カール5世の叔母だったので教皇は拒否した。

ヘンリー8世は怒ってカトリックと絶縁し、英国教会を創立したのだが、そもそもの動機も宗教改革とは無縁なので、プロテスタントとカトリックの折衷的な宗派になった。英王室の儀式が簡素を旨とするプロテスタントに不似合いな豪華なものである理由でもある。

こうして強引に王妃を幽閉して離婚し、次々と四人の妃と結婚と離婚を繰り返し、とくにのちのエリザベス女王を産んだアン・ブレーンは姦通を理由に処刑された。

ヘンリー8世の死後ただひとりの王子であるエドワード6世が即位したが、15歳で死んだので、姉のメアリー1世が即位し、スペインの王太子だったのちのフェリペ2世と結婚したが、想像妊娠騒動などあってフェリペは嫌気がさし、スペインへ帰ってしまった。

スコットランド女王メアリーの息子が英国王に

エリザベス一世がなぜ独身を通し「処女王」（米国のバージニアは女王にちなむ）だったのかは、謎のままだが、肉体的に出産に耐えられないと思ったのか、姉のメアリーと皇太子時代のスペインのフェリペ2世との結婚が不幸な結末になったトラウマが原因だろう。

エリザベス1世は独身だったので、ヘンリー7世の曾孫であるステュアート家のスコットランド王メアリーが継承順位トップになった。

メアリーは生後6日で女王になったが、イングランドのヘンリー8世は、息子のエドワード6世とメアリーを結婚させようとした。ところが、フランスの大貴族ギーズ家出身の母親は、メアリーを密かにフランスに亡命させた。フランスの宮廷で美しく聡明に育ったメアリー（フランス名はマリー）は、フランソワ2世の王妃となったが、王は若くして亡くなったので、スコットランドに帰国した。

スコットランド貴族と再婚し、のちのジェームズ6世（英国王としては1世）を設けたが、イタリア人の愛人が女王の目の前で夫に殺されたり、逆にメアリーが夫を殺したりしているうちに、プロテスタントは離反していった。

結局、メアリーはイングランドに亡命したが、ここでメアリーはエリザベス女王は（ヘンリー8世とアン・ブリーンの結婚をどう見るか微妙なので）嫡出子でなく、王位継承権はなく、自分こそがイングランド女王だといいだした。それでもエリザベスは断罪をためらったが、臣下たちの要求に屈するかたちで斬首を命令した。

メアリーの息子のジェームズはプロテスタントとして育ち、エリザベスから王位を平和的に継承し、スコットランド系のステュアート系に王位は移った。ただし、ジェームズ1世は、両国の君主を兼ねただけで、併合でなく同君連合だった。

ここで、スコットランドの歴史について説明すると、843年にアルピン家のケネス1世が建国したが、1034年に女系でダンケルド家に代わった。シェークスピアの戯曲の主人公マクベスは11世紀の王だ。ブルース家はその傍系で1274年にロバート1世が創始した。

そして、1371年にブルース王家が断絶したとき、ロバート1世の孫娘を母とするステュアート家（フランス・ブルターニュのケルト人）のロバート2世が王位に就いた。スコットランドの王室執事長（※）となってこの職名を名字にしていた。

※ロード・ハイ・ステュアート

ジェームズ1世は、「王権神授説」を奉じ「国王の権力は神から与えられ神聖不可侵で反抗は許されない」として議会と対立し、ピューリタンをイングランド国教会の立場から迫害した（つまりプロテスタント同士の争いである）。

子のチャールズ1世は、フランスのアンリ4世の王女を妃に迎え、立場をエスカレートさせたので、ピューリタン（清教徒）革命が起きた。王は死刑になって、クロムウェルが護国卿（ロードプ・ロテクター）として国を治めた。

しかし、クロムウェルはあまりにも清く正しい生活を国民に求め、独裁的に過ぎたので、彼が死んだ時に英国人は、チャールズ1世の息子で大陸に亡命していたチャールズ2世を迎えて王政復古を選んだ。

チャールズはカトリックだったが明るい人柄で人気があった。プレイボーイで多くの愛人をもったが、そのうち、フランス人女性ルイーズ・ケルアイユの子孫がダイアナ妃で、ウィリアム王子が即位したら300数十年ぶりにチャールズ1世・2世のDNAが英王室に復活する。

チャールズの死後は、弟で保守派のジェームズ2世が即位したが、議会と対立し、貴族たちは「名誉革命」（1688年）で娘のメアリーとその夫でプロテスタントのオランダ総督（実質的な国王）オレンジ公ウィリアム（オラニエ公ウィレム）を共同君主として迎えた。

ウィリアムは妻のメアリーより長生きしたので単独の国王となり、イギリスとオランダは同君連合を組んで、カトリックのルイ14世と戦った。だが、この夫婦には子がなかったので、メアリーの妹でプロテスタントのアン女王が即位し、1707年にイングランド王国とスコットランド王国が合同しグレート・ブリテン王国が成立した。

アン女王はデンマークの王子と結婚して17回も妊娠したが、生まれたのは5人。免疫系の疾患があったらしい。そこで、カトリック教徒を排除して、ジェームス1世の曾孫、つまり、娘のプファルツ選帝侯妃を祖母、その娘ソフィーが母であるドイツのハノーバー選帝侯ゲオルクがジョージ1世として迎えられた。

このハノーバー朝の国王の間に、君臨せずとも統治せずが確立した。ドイツ人のジョージ一世は、英語がほとんどできなかったので、閣議を主宰できず、ロバート・ウォルポールが実質的な初代首相として統治した。ジョージ3世は、60年間も国王だった。即位演説で「この国で生まれ、教育を受けたわたしは、英語の名を誇りとする」と宣言した。

ビクトリア女王は、ジョージ3世の五男エドワードの娘である。英国王が兼ねていたハノーバー王位は女系相続ができないので前国王の六男であるカンバーランド公アーネストが継いだので、英国はハノーバーとの同君連合を解消できた。

ビクトリア女王とアルバート王配殿下が中流階級の模範

ビクトリア女王は、伯父であるウィリアム4世の死によって、18歳で独身のまま即位した。結婚相手は、母の兄の子、つまり従兄弟のアルバート・オブ・サクス＝コバーグ＝ゴータ（アルブレヒト・フォン・ザクセン＝コーブルク＝ウント＝ゴータ）だった。夫妻は4男5女を儲け、41人の孫、37人の曾孫を得た。

子だくさんと仲の良さは、イギリス人中産階級の模範とされ、中産階級がモラルとして持つ性的な快楽への拒絶感が社会に広まった。ヨーロッパでは、貴族階級は性の乱れは男女ともにひどかったが、中産階級はわりに堅実だったのである。ビクトリア女王は、わがままで、短気で、意見をされるのを極端に嫌った。それでも、賢臣たちに恵まれて女王らしかった。

ディズレーリ首相（首相在職1868、74〜80年）は「決して拒まず、決して反対もせず、受け入れ難い要求なら物忘れをすることだ」とうまく付き合ったが、グラッドストーンは女王の意見を聞かなかったので、嫌われて選挙が自由党が勝っても彼の首相就任に難色を示した。

この時代、英仏関係が円満で、革命で逐《お》われたルイ・フィリップ王やナポレオン3世もロンドンに亡命してきた。ビスマルクのドイツへは、長女のビクトリアを皇后として送り込み、日本とは日英同盟を結ぶ交渉が進んだ。

ディズレーリは、親戚に皇帝が多いのをうらやましがった女王のために、インド帝国を創立してビクトリアを女帝としたので、「VR&I」（Rは女王を意味するレジーナ、Iは皇帝であるインペラトリクスというラテン語）と署名できるようになり喜んでいた（インドを失ったので、エリザベス女王はER、チャールズ国王はCRが略称だ）。

中国はアヘン戦争で無理筋を押しつけ、セシル・ローズの要望にそって、南アフリカでオランダ人相手にボーア戦争を仕掛けた。繁栄と社会格差、大英帝国の栄華と帝国主義政策のいずれもの名誉と責任を負う存在で英国では「君臨すれども統治せず」だったと明治の自由民権派の日本人が思ったのは少し勘違いだ。

ビクトリア女王は、1861年にアルバート公に先立たれると元気がなくなり、息子（エドワード7世）の不行跡についての心労が夫が早く死んだ原因だと考え、皇太子を疎んじた。

実際、若い頃のエドワードは品行が悪く、軽率で、もめ事が多かった。夫を失った女王がスコットランドに籠もることが多くなり、別荘の管理人やインド人の侍従といった側近への寵愛が行きすぎたことも含めて、王室の危機といわれた。

だが、皇太子が腸チフスで危篤になりながら奇跡の生還をし、また、不仲といわれた女王も熱心に看病したことが両方の評判を回復させた。戦略的でなく、八方美人であるものの、サービス精神の旺盛さは好感を持たれた。彼の本来の名前はアルバートだが、「アルバートと言えば父を思い出して欲しい」といってエドワード7世を名乗り無難な治世だった。王朝名をハノーヴァー朝からサクス＝コバーグ・アンド・ゴータ朝に変更した。

その子のジョージ5世はエドワード7世の次男だったが、兄がインフルエンザで父に先立って死んだのではからずも王となった。地味な人柄だったが、難しい時期にあっては無難に働いた。第一次世界大戦のときには、ドイツ系の血筋にもかかわらず断固としてドイツに立ち向かい、王家の名前をドイツ由来のものからウィンザー家に変更した。ビクトリア女王を初代とするインド皇帝として現地を訪れたのは、この王だけである。

撮影 小学館写真室、日本雑誌協会代表取材

皇太子時代に令和の即位礼に参列したチャールズ新国王（デンマークのフレデリック皇太子・メアリー妃と）。

英国国王には実質的権限が少し残っている

英国には「憲法」がなく慣習法で動いているので国王の政治権限は不明確だ。英国大使館のホームページには、「女王は、国民生活のあらゆる側面について知らされ、意見を求められるほか、大臣の参考のために非公式に自分の意見を自由に述べることができます」とある。また、首相の施政表明演説に当たるものを女王が自分の名において代読する。

国会での首相指名選挙はなく、女王が慣習として第1党党首を指名する。

しかし、単独過半数をとる政党がなく、第2党と第3党が連立を組みたいときにどうするかは、過去の例がなく、国王の意向が意味を持つ余地がある。

サッチャー時代には、独裁政権を擁護する首相と、アフリカ諸国の大勢の意向を反映した女王の認識にずれが出たが、英連邦の「象徴」としては、英国政府の意向に従う必要がないので、政治介入というのは間違いだ。

なお、英国首相官邸は普通の通りに面したドアに10という番地だけが書いてあって、ダウニング街10番地という別名で知られる。

チャールズ国王のルーツである三家の由来

英王室はウィンザー家という家名を名乗っているが、1917年まではサックス・コーバーグ・ゴータ家だった。また、チャールズ国王の父親であるフィリップ殿下はグリュックスブルク家の出身だが、英国帰化に当たって母方のマウントバッテン姓を使うことにした。そこで、知られざるこの三家の複雑な由来を紹介する（系図2参照）。

チャールズ国王の父系の先祖は、デンマーク王家であるグリュックスブルク家である。10世紀のゴーム王まで女系でつながっているが、男系は、ドイツニーダーザクセン州出身のオルデンブルク家の分家で、シュレースヴィヒ＝ホルシュタイン州の領地の名を名乗った。

クリスチャン9世（1863～1906）が、オルデンブルク家の断絶を受けて即位し、その子がギリシャ国王ゲオルギオス1世（暗殺）。その4男がフィリップ殿下の父であるアンドレアス王子で、その妃はドイツ・バッテンベルク家のアリスだった。

バッテンベルク家は、もともとヘッセン大公家に属し、「貴賤婚」といわれる身分違いの結婚で家名を継げず、別家を起こした。

ヘッセン大公ルートウィヒ2世とその妃ビルヘルミーネの子供のうち、

4男のアレクサンダーは、父母が別居中に生まれ、公妃と愛人との不義の子であることが公然の秘密だが嫡出子として扱われていた。

アレクサンダーの同父妹であるマリアは、ロシア皇帝アレクサンドル2世（ニコライ二世の祖父）と結婚して家格を上げたが、兄のアレクサンダーはポーランド人のユリア・ハウケ伯爵令嬢との貴賤婚を強行した。ユリアはヘッセンの家名を名乗れず、バッテンベルク女伯爵とされ子供たちもそれを姓とした。長男は、英国に帰化し、ミルフォード＝ヘイヴン侯ルイス・アレグザンダー・マウントバッテン（バッテンベルクを英語風にした）となった。その娘アリスがギリシャ王子アンドレアスと結婚して生んだのがフィリップ殿下である。

次男のマウントバッテン・オブ・バーマ伯爵ルイスは、最後のインド総督を務めた。英国王ジョージ6世の親友でエリザベス女王とフィリップ、さらに、チャールズとダイアナの結婚の立役者。軍人として日本軍と戦い、昭和天皇訪英のときにも晩餐会出席を渋り、遺言で葬儀への日本皇族の出席を拒否した。IRA（アイルランド共和国軍）の分派によってヨットで爆殺された。

ウィンザー家はもともとサックス・コーバーグ・ゴータ（ザクセン＝コーブルク＝ゴータ）といっていた。ベルギー王家も同じ家系で、フランス語でサクス＝コブール＝ゴータ家と名乗っていたが、英王室と同じ事情で、1920年にベルジーク（ベルギーのフランス語呼称）家と改称した。元ポルトガル王家もブラガンサ＝コブルゴ家、元ブルガリア王家もサクスコブルクゴツキ家とそれぞれの言語で呼ばれるが、父祖は同じだ。

旧東ドイツの南西部にあるチューリンゲン州の小貴族だったベッティン家は、ハインリヒ1世が1089年に陶器で有名なマイセンの辺境伯領を手に入れた。1264年にハインリヒ3世が、母方の領地であったテューリンゲン方伯領を継承し、1423年に皇帝シギスムントに仕えたフリードリヒが、ザクセン＝ビッテンベルク公・ザクセン選帝侯フリードリヒ1世となった。

孫の代の1485年に、エルンストとアルブレヒトの兄弟が、前者がエルネスティン家となり選帝侯の肩書きとテューリンゲンを、後者のアルベルティン家がザクセンをそれぞれ得て、後者はドレスデンを首都とするザクセン王国に発展した。

この間、エルネスティン家のほうは複数の群小領邦に分かれ不振だったが、ザクセン＝コーブルク＝ザールフェルト公フランツが二度目の妻にロイス＝エーベルスドルフ伯という小貴族の娘でドイツ有数の美女といわれたアウグステを迎えたことで、美貌を武器にこの一家は大化けした。

二人の間に生まれた娘ユリアーネは、ロシアのエカテリーナ女帝の孫であるコンスタンチンと結婚した。東ローマ帝国を復興してコンスタンチノープルの皇帝とすべく育てられていた人物だ。この結婚自体は夫が粗暴でうまくいかなかったのだが、家格は上がり、妹のビクトリアは英国の王子ケント公エドワードと結婚して、ビクトリア女王の母となり、弟（長男）の息子であるアルバートはビクトリア女王の夫となった

英連邦とチャールズ国王

日本では英連邦というが、英語では1949年以降、コモンウェルス・オブ・ネイションズ、通称でコモンウェルスである。1926年に始まり、1931年にウェストミンスター憲章が制定された。国王は「独立した加盟国の自由連想法」を象徴する儀礼的指導者としてコモンウェルス首長である。

「英王制連邦」（コモンウェルス・レルム。英連邦王国ともいう）は、国王を元首としている国の集合体で、2023年の時点で15か国。

現在、チャールズ国王を元首としているのは、英国、カナダ、オーストラリア、ニュージーランド、ジャマイカ、バハマ、グレナダ、パプアニューギニア、ソロモン諸島、ツバル、セントルシア、セントビンセント・グレナディーン、ベリーズ、アンティグア・バーブーダ、セントクリストファー・ネイビスの15か国。

過去にそうだったのは、戦前だとアイルランド、植民地が独立した1960年代まででは、インド、ウガンダ、ガーナ、ケニア、シエラレオネ、タンガニーカ、ナイジェリア、パキスタン、マラウィ、南アフリカで、20世紀中にガイアナ、ガンビア、シエラレオネ、スリランカ、トリニダード・トバゴ、フィジー、マルタ、モーリシャス。バルバドスが2021年に離脱した。

インド帝国の一部は600ほどの藩王国（プリンスリー・ステート）が支配した。君主（プリンス）をヒンドゥー教徒はマハーラージャ（大王）やラージャ（王）、イスラム教徒はナワーブ（太守、知事）と呼んだ。

系図Ⅰ　英王室と各国王室の結婚

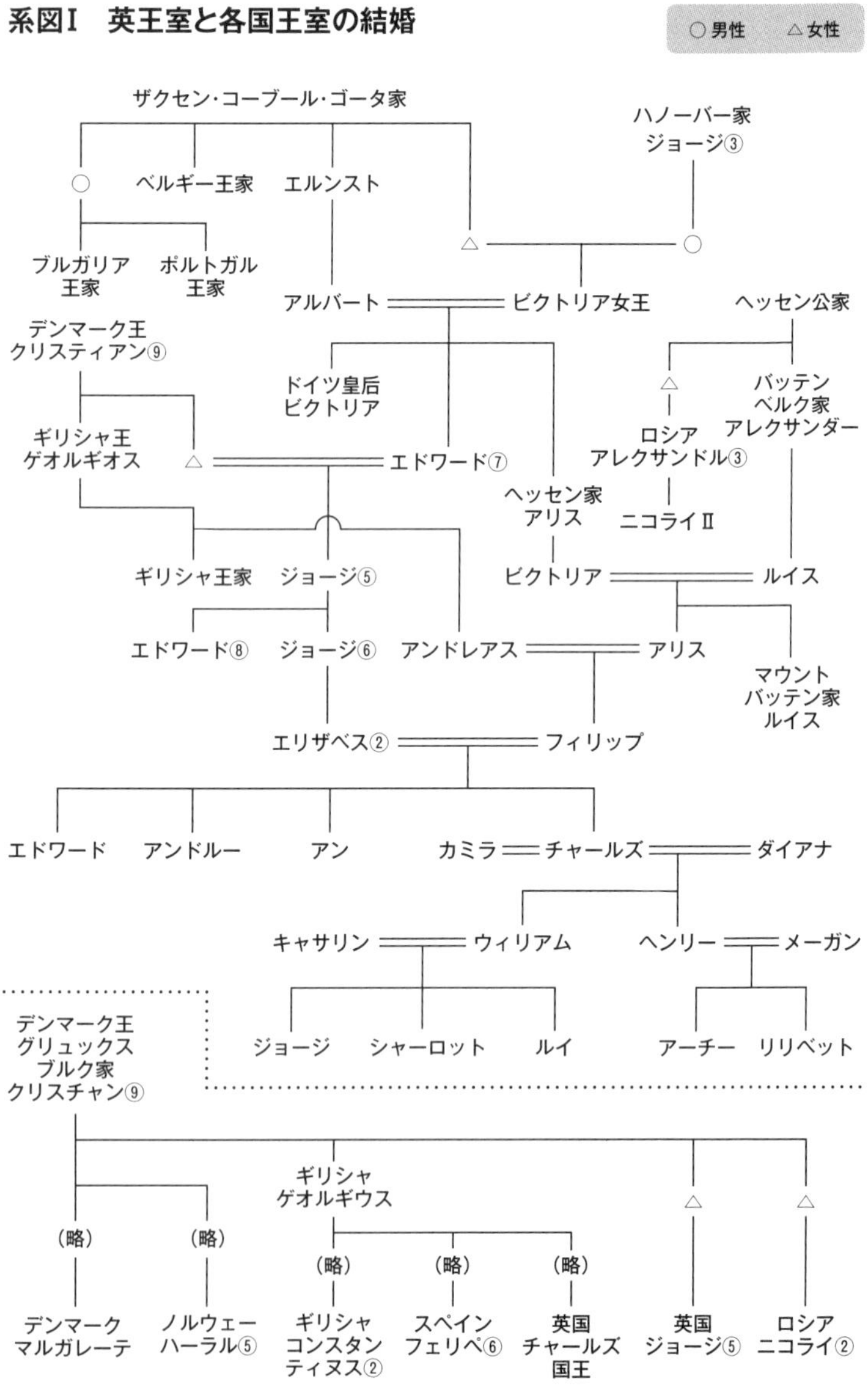

系図Ⅱ　イギリス王家系図

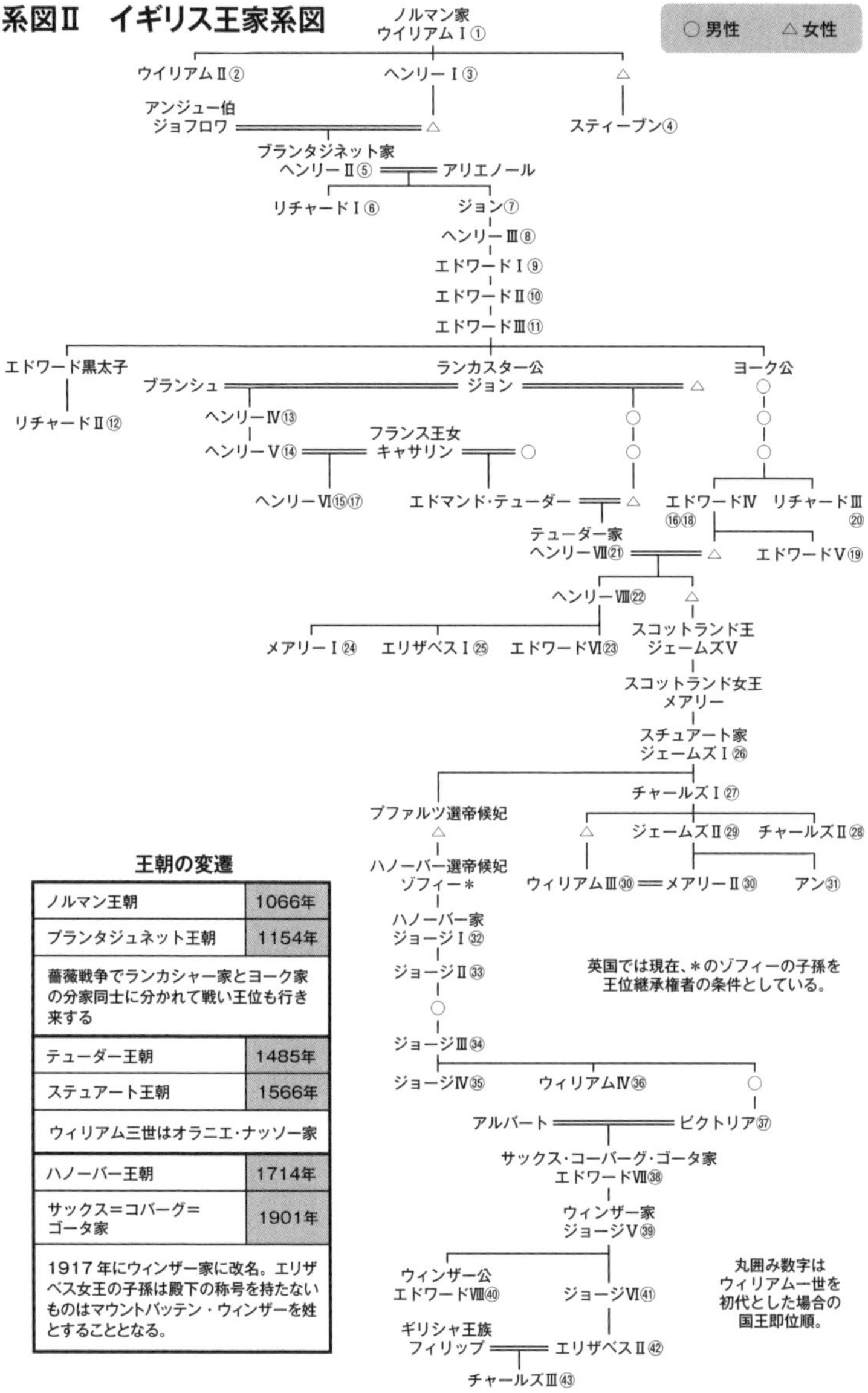

王朝の変遷

ノルマン王朝	1066年
プランタジュネット王朝	1154年
薔薇戦争でランカシャー家とヨーク家の分家同士に分かれて戦い王位も行き来する	
テューダー王朝	1485年
ステュアート王朝	1566年
ウィリアム三世はオラニエ・ナッソー家	
ハノーバー王朝	1714年
サックス＝コバーグ＝ゴータ家	1901年
1917年にウィンザー家に改名。エリザベス女王の子孫は殿下の称号を持たないものはマウントバッテン・ウィンザーを姓とすることとなる。	

第3章

日本の皇室と英国王室との深い交流

なぜエリザベス女王は日本に1度しか来なかったのか

英国の君主は超多忙である。普通の君主と違って、英連邦の象徴であり、15か国の元首を兼ねているからだ。エリザベス女王が英連邦を訪問した回数は、カナダには23回（カナダ首相は23回としている）、オーストラリアには16回である。

このために、英連邦以外の各国への訪問の機会は限られたものになる。王室の先祖の出身地であるフランスやドイツでも、もともと英国からの移民が主流を占めるアメリカでも、エリザベス女王の訪問はそれぞれ6～7回だけだった（※）。

英国ではサッチャー首相のころから、庶民出身の首相たちがアンチ欧州に傾くことが多く、王室が大陸との絆として気分的に緩衝材となることが多かった。

ドイツでは、王族をドイツ系だと受け取る人も多いので、発言は慎重になったが、英空軍の爆撃で王宮やドイツで最高と言われた歌劇場が焼け野原になったドレスデンへの訪問で謝罪に近いニュアンスを語ったことは話題になった。

フランスでは、軽い英語訛りがまた魅力的な流暢なフランス語でフランス人を魅了し、英仏が対立すると「オイルとビネガーは別のものだがサラダには両方が必要です」と気の利いた言葉で雰囲気を和らげた。また、ＥＵがフランス産のチーズに熱処理を強制しようとした

※アジアではインド３回、タイやネパールが２回、中国、日本、韓国は１度だけだった。

とき、チャールズ皇太子（当時）が、文化の冒瀆だと訴えて拍手喝采を浴びた。

アメリカ人はしばしば大統領が女王に馬鹿にされるような野卑な態度を取らないか気にしているが、一方で、フランス系で文化人を気取るジャックリーヌ・ケネディが「（女王を）不親切で知的でなく、目立たない」、「（バッキンガム宮殿は）二流で、荒廃している」と揶揄していたのが暴露されて一騒動あったこともある。

しかし、国王がいないアメリカにおける英王室とローマ教皇の人気は常にロック・スター並みである。ロシア、中国、日本との関係は、少なくとも英王室サイドから見ると緊張をはらんだものだ。英王室と近い親戚であるニコライ2世一家を殺したソ連にはついに訪問しなかったし、ロシア訪問では皇帝一家のＤＮＡ鑑定を巡って一騒動あった（大津事件の際に血を拭いたハンカチまで動員された）。

中国はアヘン戦争の時からの宿敵同士だが、香港返還を円滑に進めるために１９８６年に訪中し、友好ムードをつくろうとした。だが、天安門事件、香港民主化運動やチベット、ウイグルなどの人権問題で対立し、習近平訪問の直後には、女王が中国側を「非常に無礼だったと聞いている」と会合出席者との会話で漏らしたことがマイクで拾われて騒動になった。

それに比べると、１９７５年の日本訪問は、その前年のフォード米国大統領の訪日が冷ややかに迎えられたあとだけに危惧もあったようだが、日本人の熱烈な歓迎ぶりに英国のマスコミも驚いていたほどの大成功だった。

戦前の日本の皇室と英国の王室とのお付き合いは、のちに紹介するが、戦後は1953年のエリザベス女王戴冠式に、当時の皇太子殿下（上皇陛下）が出席されたのが始まりだ。

その後、1961年に女王の従姉妹（ジョージ6世の弟ケント公の娘）アレキサンドラ王女が国賓として来日され、その返礼として翌年に、秩父宮妃殿下が訪英されてから本格化した。妃殿下は、1909年に駐英大使館に勤めていた松平恆雄の長女としてロンドンで生まれ、その後、アメリカの高校で学ばれたので英語堪能だった。

さらに、皇族の訪英が続き、英国からは大阪万国博覧会を機にチャールズ皇太子の来日があった。

日本政府がプレゼントした真珠をキャサリン妃も愛用

このころ、ヨーロッパの国王として、オランダのベアトリクス女王が1963年に、ベルギーのボードワン国王がその翌年に訪日し、あとで紹介するように、昭和天皇・皇后両陛下が1972年に英国など欧州各国を歴訪された。そして、1975年にエリザベス女王とフィリップ殿下の国賓としての来日が実現した。

東京では経済団体主催の午餐会も開かれたが、経済について細かい数字も上げて話されたので、「英国の女王はセールス・ウーマンの仕事もするのか」と土光敏光経団連会長らを驚かせた。訪問先では、カメラ好きの夫妻のために新丸子のキヤノンの工場が選ばれた。

そして、帝国ホテルから国立劇場までオープンカーを使ってのゆっくりとしたパレードが行われ11万4000人の市民が沿道に集まった。

京都では、桂離宮での裏千家家元による野点、仙洞御所《せんとうごしょ》での野外での昼食、龍安寺《りょうあんじ》石庭見学など庭園や野外での活動が好きなご夫妻に配慮した日程が組まれた。

このあたりまでは、王道を行く日程だが、最後の2日の三重県訪問は注目を集めた。天皇陛下が私鉄を使われることは滅多にないが、近畿日本鉄道は神武天皇山陵を訪問されることが多く、よく使われているので貴賓室も駅にあり、奈良県経由で伊勢へ向かわれた。

そして、この訪日でいちばん女王が喜ばれたのが、ミキモトの真珠島見学である。女王は5000本の真珠のネックレスの製造工程、大正15年に博覧会に出品するために作った1万2760個の真珠からなる『御木本五重塔』、海女が海に潜って真珠を取るショーをご覧になり、海水温が低いことを心配された。

女王が公務などでパールをよく身につけているのを目にした。今ではパール使いはロイヤルファミリーらしいファッションの代表だが、これは、ビクトリア女王からの伝統である。パールを生まれてくる娘や孫娘のために毎年ひとつずつプレゼントしていた。人生の節目の

撮影 小学館写真室、日本雑誌協会代表取材、宮内庁、内閣府

エリザベス女王来日時。経済団体主催の午餐会

年の18歳になったときに、ちょうどネックレスができるという趣向である。

その後、日本政府から最高クラスの真珠が贈られたものを四連のチョーカーにデザインした。女王もしばしば使われたが、女王の葬儀ではキャサリン妃が身につけて話題になった。エリザベス女王の胸元をたびたび飾った三連パールネックレスは、祖父ジョージ5世からの贈り物である。

伊勢神宮訪問には、革新勢力の一部に政教分離の視点から反対もあったが、伊勢神宮内宮をごく自然に訪問された。

伊勢から再び近鉄電車で名古屋へ出て、東京には東海道新幹線で戻られることになった。実は東京から関西へ移動されるときにもお使いいただくことになっていたのだ

撮影　小学館写真室、日本雑誌協会代表取材、宮内庁、内閣府（下写真も）

沿道に10万人以上が集まったパレード。パレードは1986年のチャールズ皇太子、ダイアナ妃来日の際にも行われた。

三重県鳥羽市のミキモト真珠島では海女たちとも交流された。

が、国労がストライキを実施して中止させられていたのである。

ＪＲ東海が１９９４年に出した広告によると、エリザベス女王は名古屋駅で乗り込む際に「新幹線は、時計より正確だときいています」と仰ったのだそうだ。だが、大雨による徐行と一行の荷物１７２個を積み込むのに時間がかかったので発車は３分の遅れ。浜名湖付近で徐行し、富士川付近で富士山を女王陛下によくご覧いただくためスピードダウンした。

三島では３分遅れで、しかも、新幹線は速度が上がるとＡＴＣが作動し自動的に減速する。当時の規定速度は時速２１０キロだったので、ギリギリの時速２０９㎞で走らせる運転士の職人芸に「時計より正確な新幹線の威信」がかかった。東京駅前にあった国鉄本社５階の総裁室でも、諦めのムードが漂ったが、定刻に東京駅のホームに滑り込み安堵した。

宮中晩餐会以外でも、レストランは腕によりをかけて特別料理を用意したが、いまもメニューに残っているものもある。宿泊された鳥羽市の鳥羽国際ホテルでは「キジの燻製」が褒められたそうで「雉の燻製 エリザベス女王陛下風」と名付けている。

東京の帝国ホテルでは、料理長の村上信夫氏が「海老と舌平目を使ったグラタン」をお出ししたが、いまもレストン「ラブラスリー」で「レーンヌ・エリザベス」という献立がある。本格的な日本料理は、京都岡崎の「つる家」で召し上がられている。

だが、最大の成果は昭和天皇との会話だったようで、接伴に当たった外務省の内田宏・儀典長は、「エリザベス女王陛下との6日間—儀典長の女王陛下訪日記」（『皇室』平成22年夏号、扶桑社）に「女王は孤独なものです。重大な決定を下すのは自分しかいないのです。そしてそれから起こる全責任は自分自身が負うのです」「この立場が分かっていただけるのは、ご在位50年の天皇陛下しかおられません」「教えを受けられるのはこの方しかいないと信じて地球を半周して来たのです。十分報われました。陛下の一言一言に、私は多くの、そして深いものを感じました。感謝で一杯です」と仰ったと書き残している。

お茶目なダイアナ妃が所望された相撲見物

チャールズ国王が初来日されたのは、1970年の大阪万国博覧会のとき。そして1986年と1990年には、ダイアナ妃とご一緒に来日されている。

2008年の訪日では、カミラ夫人と、5日間日本にも滞在された。1990年には、現上皇陛下の即位礼、2020年の令和の即位礼にも出席された。

大阪万博のときには、まだ、日本食など英国ではなじみのない頃で、いかの刺身を出された皇太子が「サウジアラビアの羊の目玉とともに世界でどうしても食べられなかったふたつの食べ物のひとつ」とのちに語ったのが話題になったことがある。日本食が英国でもすっかり定着した今日では考えられないエピソードだ。

撮影　小学館写真室、日本雑誌協会代表取材、宮内庁、内閣府

伊勢神宮で神馬に人参を供するエリザベス女王

１９８６年5月にチャールズ皇太子とダイアナ妃が来日したときはエリザベス女王の訪日に匹敵する人気で、パレードには9万人が集まった。大阪から入ったが、京都では詩仙堂、修学院離宮、西陣織の工房見学など教養人として知られる皇太子らしい渋い訪問先が選ばれる一方、ダイアナ妃の日の丸を意識した赤い水玉模様のドレスが話題になった。

東京では、ダイアナ妃のたっての希望で大相撲を観戦し、巨漢の大乃国や小錦と歓談し、ダイアナ妃は小錦のおなかを指でつつくしぐさをするなど無邪気に楽しみ両者の趣味の違いが出た。夫妻は１９９０年に、平成の陛下の即位礼のために再び来日した。ダイアナ妃は、別居中の１９９５年、阪神淡路大震災の翌月に単独で来日している。

京都訪問時、日の丸をモチーフにしたドレス。
日本への敬意をあらわしたとして話題を集めた。

チャールズ皇太子は、2008年にカミラ妃と日英修好通商条約調印150年を機に来日された。日本科学未来館（毛利衛館長）で地球温暖化について演説をし、奈良で東大寺などを見学した。終末期医療に関心の高いカミラ妃は単独で、聖路加国際病院を視察された。

2015年には、ウィリアム王子とキャサリン妃が訪日し、福島県の被災地を訪問し、地元の食材を使った夕食をとられた。2019年の即位礼には、チャールズ皇太子が単独で来日したが、これは、カミラ妃が飛行機恐怖症で弾丸ツアーを嫌ったためだったらしい。

以上は、英王室の訪日を戦後の訪日の記録を繙いたものだが、今度は、幕末以降の日本に英王室がどういう影響を与えてきたかを振り返ってみたい。

坂本龍馬は英国のスパイだったという陰謀史観

幕末の薩長や坂本龍馬の背後には、英国がいて、その陰謀で起きたのが明治維新だという「陰謀史観」が好きな人が多い。「陰謀史観」では、歴史上の出来事を、証拠はないが動機があるというだけで小説のようにストーリーを組み立て、史実のようにいう。

動機は大事だと思うし、多くの歴史学者のように確実な証拠に偏って解釈すると、文書や遺跡が新しく発見されたら定説が正反対になったりするのでよくないと思う。現実の政治や外交の世界では、噂まで含めて情報を広く集め、知識・経験・分析力・職業的な勘まで総動員員していくつもの可能性を考え、確率に応じた複数の対策を採るのだから、歴史もそういう視点で解釈すべきで、歴史学者の実証主義も陰謀史観もどちらもよくない。

日本が鎖国したころの世界情勢は、ポルトガルやスペインの力が弱くなって、東アジアではオランダが通商の主導権を握り、インドではフランスと英国が争うが徐々に英国が優位に立っていった。一方、ロシアがシベリアを東進して通商を求めてきた。しかし、欧州でナポレオン戦争があって、アジアどころでなくなり小休止したが、状況が落ち着いたので英国はアヘン戦争で中国市場をこじあけ、銀の流出で中国経済は破綻し半植民地化が進んだ。

中国に関心が集中して日本への開国圧力は抑制されていたが、アヘン戦争の終戦から2年後の1844年、オランダ国王ウィレム2世の国書が来て、開国を勧告してきた。保守派の老中首座阿部正弘らはことなかれ主義で余計なこと言うなと黙殺した。

ペリー来航の前年には、オランダ商館長ドンケル・クルチウスが、ペリー艦隊が陸戦隊も同行して来日すると予告したが聞き流した。ペリーが来たら、来年まで待ってくれといったが、幕府は抵抗も可能だった。当時のアメリカ海軍は西海岸に根拠地もなく、ペリーも喜望峰回りで来たので補給も応援も無理だった。ところが、臆病風を吹かして翌年にペリーが再来航したら和親条約を結んだ。

赴任してきたハリス総領事は、英国が来たら過酷な要求をするだろうから米国主導で通商を解禁するように勧め、幕府はこれを受け入れた。だが、その前に、富国強兵に成功していた開明派の薩長は、薩英戦争や四国艦隊砲撃事件で抵抗し、そこそこ善戦した。

結果、薩長は英国とパイプができた。幕府はロッシュ総領事の勧めでナポレオン3世のフランスと組もうとしたが、欧州情勢の現実ではフランスにそれだけの力はなかったので机上の空論だった。こうして、新政府が誕生したとき、最強の外国勢力が英国だったのは事実だが、尊皇攘夷の原点はアヘン戦争と中国の半植民地化を教訓とする「反英」だったし、英国も他の国を出し抜いて日本市場を独占するほどの力はなかった。

ウィンザー公の日本でのコスプレと昭和天皇の訪問

文明開化で西洋の文物を採り入れるとき、新政府は、英仏独米などのシステムを比較し、お雇い外人も留学先も多様化して分野ごとに最も優れて国情に合うものを選んだ。外交団でも英国公使パークスが最有力だったが、強引さが強い警戒感をもたれてもいた。

1869年に、ビクトリア女王の次男エディンバラ公アルフレード王子が世界一周の途中に日本に来た。政府は清国のように私的な旅行として扱うのでなく、外国官知事（外相）の伊達宗城がパークスのアドバイスを受けながら、国賓として超豪華な接待をすることにした。

この歓待は、ヨーロッパでも話題となり、多くの国のプリンスたちがやってきて日本の外交力となった。のちの英国王ジョージ5世は、海軍の艦船に乗船して、1881年に来日、龍の入れ墨を施した。また、大津事件に遭遇することになる、来日中だったロシアのニコライ皇太子も長崎で入れ墨をしている。

エリザベス女王の伯父にあたるエドワード8世（ウィンザー公）は、アメリカ人で離婚経験があり、フォン・リッベントロップ駐英独大使（のちに外相）とも怪しげな関係にあった人妻ウォリス・シンプソンとの結婚を望み、最後は、結婚を諦めるよりは退位を選択した。退位後は、ヒトラーの別荘に招かれたりして弟の国王を困らせ、戦争中はバハマ総督に島流しされた。晩年はパリ郊外ブーローニュの森の北西の隅あたりの館に住んだ。

プリンス・オブ・ウェールズ（皇太子）時代のエドワード8世は、美男子で社交的で人気があって、第一次世界大戦での前線訪問や各国訪問でも熱狂的に迎えられた。1922年には、日本に招かれたが、和服やコスプレで人力車の車夫の服装を着用するなど人気沸騰で、日本では良い印象を持たれていたし、昭和天皇にとっても忘れがたい人だった。

パリでの死の直前にエリザベス女王の見舞いを受けているが、皇太子時代の交流を懐かしむ昭和天皇がその前に訪問したことが、それと比較して、冷たいと言われるのを避けたい女王に影響を与えたと、ドラマ「ザ・クラウン」では描いていた。

有栖川宮など皇族方の欧州留学事始め

日本からの皇族派遣では、明治時代に多くの公家や大名など華族の若者が留学に旅立った。1870年に華頂宮博経《かちょうのみやひろつね》親王がアナポリスの米国海軍兵学校に留学。同年に北白川宮能久《きたしらかわのみやよしひさ》親王がプロイセン陸軍大学に留学し、7年も滞在したが、ドイツの貴族の未亡人ベルタと婚約、政府に対し結婚の許可を申し出るが政府の許可を得られなかった。

海軍軍令部長となった伏見宮博恭《ひろやす》王は、1889年から6年間、ドイツに留学して海軍大学などで学んだ。山階宮菊磨王も同時期にドイツ海軍大学に留学している。閑院宮載仁《かんいんのみやことひと》親王（のちに参謀総長）は、1882年にフランスへ留学。サン・シール陸軍士官学校・陸軍騎兵学校・陸軍大学校を卒業。小松宮依仁《よりひと》親王（後に東伏見宮）も、1887年からフランスでブルターニュのブレスト港にある海軍兵学校に入学し7年間学んでいる。

北白川宮成久《なるひさ》王は、1921年からフランスのサン・シール陸軍士官学校に留学したが、1923年4月1日復活祭の日曜日、ノルマンディーの田園地帯で車を運転中にアカシアの巨木に衝突して死去。このときフランスに留学中の朝香宮鳩彦《あさかのみややすひこ》王夫妻も同乗していて重傷を負ったが、無事帰国しアールデコ様式で白金台町の朝香宮邸（現・東京都庭園美術館）を建てた。ゴルフ好きの宮様だった。南京事件の時の上海軍司令官である。

東《ひがし》久《く》邇宮《にのみや》稔彦《なるひこ》王も、１９２０年から１９２６年まで、サン・シール陸軍士官学校、エコール・ポリテクニークなどで学んだ。終戦の後、首相となった。

英国には、上記の閑院宮が英国に渡って海兵学校に入学しようとしたのだが、年齢制限など条件にあわず、ロンドンで語学研修などをしたのち、フランスに渡っている。本格的な英国留学は、有《あり》栖《す》川宮《がわのみや》威仁《たけひと》親王である。１８７９年に英国海軍「アイアン・デューク」に乗組み、約1年間にわたり軍務に就いた。１８８１年、英国のグリニッジ海軍大学校に留学した。

このときに、ビクトリア女王にも謁見している。大津事件のときの接待役、大正天皇の東宮輔導として高く評価され、もし、身体の弱かった大正天皇にもしものことがあったら、皇位継承者として最有力だった親王である。

皇太子（昭和天皇）外遊とジョージ5世

昭和天皇は、皇太子時代の１９２１年3月3日から9月3日までの6か月間にわたって欧州各国を訪問された。皇太子外遊は、大正天皇の皇太子時代にも話題になって、ご自身も旅行好きでいらしたし、世界旅行の歌など愛唱され強く希望されていたといわれる。しかし、明治天皇は皇太子が極端な西洋かぶれになることを心配され実現しなかった。

昭和天皇は、小学校は乃木希典《のぎまれすけ》が校長をつとめる学習院に通われたのち、御所内に学問所を設置して各分野の一流の教師が教育に当たった。外国語はフランス語だった。杉浦重剛という倫理学者が帝王学を教えたのだが、明治天皇のように寡黙で軽挙妄動せず、喜怒を表さないように指導したのが極端な結果を生じさせていた。

1919年5月に開かれた晩餐会で、「皇太子は何もお話しされず、何かお話を申し上げてもほとんどご回答なかった」「箱入り教育で近代的な君主としていかがなものか」と、枢密院顧問官・三浦梧楼が東宮太夫・浜尾新に詰問した。原敬首相は、浜尾を呼び出して注意し、11月には山縣有朋は「真に憂慮すべき状態」だとして外遊の必要性を指摘した。

皇太子に近い人々のうち海外経験者は同様の意見で、侍従でオックスフォード大学に留学していた松平慶民、宮内書記官で欧州経験者の二荒芳徳、フランス語を教えていた山本信次郎、西園寺公望の養子である八郎なども積極的な洋行推進派だった。山縣は伝統的な学問を深めるより、語学学習、軍事教練も重視し、多くの人に会わせ、外遊もさせよとした。

貞明皇后は天皇の健康状態と外遊への不安から反対していたが、翌年の夏には松方正義や西園寺が元老を代表して貞明皇后の説得にあたり、原首相や宮様たちも説得に努めた結果、松方正義が天皇・皇后両陛下の最終的な了解を取ることに成功した。

19歳の皇太子は戦艦「香取」に乗船され、船中で一般的な語学はもちろん、スピーチを練習し、ナイフとフォークの使い方も怪しいという状態だったテーブルマナーを習得し、柔道で身体を鍛えられた。

ロンドンに到着すると、ジョージ5世から若い頃に日本で歓待されたことの感謝が述べられ、皇太子は「玉音朗々、まさに四筵を圧するの感慨」で応じられたと書記官として同席した吉田茂が感激するほど短期間に成長した姿を見せられた。

吉田は日本にいる岳父の牧野伸顕（大久保利通の次男）に、国王が「近親の御待遇」で扱われていると喜びを伝えている。実際、自室で休んでいる皇太子を国王は予告なしに訪れ話し込んだりしてくれた。その後、皇太子はオックスフォード大学で講義を受けたり、スコットランドの大貴族の荘園を訪れて英国貴族の生活を堪能したりされた。

フランスでは、第一次世界大戦の連合国の立場で、フォッシュ元帥らから歓迎され、ジョージ5世から勧められたベルダンの戦跡をペタン元帥の案内で訪れられた。私も訪問したが、無数の戦死者の骨がガラス越しに積み重ねられ戦争の悲惨さを痛感させる場所だ。また、ナポレオン没後百年祭にも参加された。オランダでは、現地語でスピーチされて、蘭学の伝統を印象づけてオランダ人を喜ばせ、イタリアではローマ教皇とも会見した。

土産には天皇にはステッキ、皇后にはネックレス、婚約中の良子女王には手鏡で、自分はナポレオン像と庶民と一緒に乗車を経験したメトロの切符を大事にされた。

欧州歴訪について、１９７０年の記者会見でも「籠の鳥のような生活から自由を経験し、それが今も役立っている」と語られた。近年でも、御学問所での教育を賞賛し、悠仁様などの教育の参考にすべきだという人がいるが、やや疑問である。

ただ、天皇の病状もあり、米国訪問が実現できなかったのはなんとも残念で、太平洋戦争が避けられなかった遠因とすらいわれるほどだ。

英国王の戴冠式には、１９０２年のエドワード７世のときは小松宮彰仁親王が、１９１１年のジョージ５世のときには、東伏見宮依仁親王が出席している。いずれもフランス留学組で王侯貴族の集まりには相応しい人選だった。

エリザベス女王の戴冠式に出席した平成の陛下

エリザベス女王の父親であるジョージ６世の戴冠式が１９３７年にあったときは、秩父宮殿下ご夫妻が出席された。駐英大使は吉田茂だった。ベルリン五輪の翌年、盧溝橋事件の前年だった。秩父宮妃殿下はロンドン生まれで米国育ちだからうってつけだった。

戴冠式ではすべての王侯の中で第一位の席を与えられて代表団を喜ばせた。このあと、フランス、オランダ、スウェーデン、ドイツを回るのだが、ドイツは日本が英国寄りに傾くのを嫌い、大歓待し秩父宮殿下はナチスの党大会にも出席された。殿下はそれでも、ヒトラーの危うさを指摘されていたが、帰国後、日独伊三国同盟の締結を執拗に昭和天皇に迫られたことなどからすると、ドイツの印象操作もおおいに効果があったということだろうか。

終戦後の、1953年には、エリザベス女王の戴冠式があって、こちらは、皇太子殿下（現上皇陛下）が出席された。英国をはじめとする欧州王室との関係を修復したいということだけでなく、皇太子の国際化教育という意味もあった。

アメリカ人のバイニング夫人が家庭教師を務めたことについて、保守派の人たちから批判もあるが、昭和天皇の「西洋の思想と習慣を学ばせる」という意向があり、日本人では伝統的でない教育をしようとすると、抵抗にあい、それを排除できるのは外国人でなくてはダメという日本的な事情もあった。バイニング夫人とは昭和天皇も、吉田首相も教育方針について綿密に相談をしており、GHQに押しつけられたと割り切れない。

ただ、社交的な会話は力を入れなかったらしく、訪英を前に課題とされた。外国人に限らないが、若い皇族を社交の場に出さないのは、昔も今も同じだが良くないと思う。子供の時から経験を積んでいただくべきだ。

そういう事情からも、未来の天皇としての教育の集大成として、この戴冠式への出席と欧米歴訪は絶好のチャンスだったので、学業を犠牲にしても長期間の旅行が実行され、結果、

共同通信

大正10年（1921）５月、皇太子時代の昭和天皇の英国外遊時の写真。ビクトリア駅からバッキンガム宮殿へ馬車で向かわれた。右に座るのはジョージ５世。

共同通信

昭和28年（1953)、エリザベス女王の戴冠式には皇太子時代の上皇陛下が参列された。(前列左から４人目)。

上皇陛下は大学を卒業されていないことになった。

若い皇太子に徐々に環境に慣れてもらうためにも、3月20日に横浜を出港し船の旅となった。ハワイなどを経由したが公式行事は復路に回し、カナダで英国の流儀になれてもらった。ニューヨークを出航したクイーン・エリザベス号は、4月28日、サザンプトンに入港し、船内で簡単な記者会見が行われたが、殿下はステートメントを英語で無難にこなされた。

このころ、英国内では反日気分が高まり、滞在予定のいくつかはキャンセルになったし、マスコミの攻撃も激しかったが、チャーチル首相が一計を案じて午餐会を開き、そこにうるさ型のマスコミ幹部を集め、独特のユーモアで英国流の立憲君主制の奨めを皇太子に話し、巧妙にマスコミ論調のガス抜きに成功した。

女王夫妻との会見は5月5日に行われ、天皇陛下の「ご沙汰」と夫妻の謝辞が交換された。英国側では反日世論をなだめるためにも、王室も積極的に歓迎しているところをみせた。戴冠式は第一章で紹介したが、英王室との温かいふれあいは6月6日のダービー観戦で実現した。この見学は、皇太子が日本にいるときから希望されたものだったが、第1レースが終わったところで女王から使者が来て、ロイヤル・ボックスで第2レースを一緒に見ることを誘われた。英王室が絵になる日英友好の場面を作ってくれたということだ。

その後、一行はフランス、スペイン、モナコ、イタリア、バチカン、ベルギー、オランダ、

1953年の皇太子殿下外遊とそれ以前の皇室の国際親善については、『明仁皇太子エリザベス女王戴冠式列席記』（波多野勝著 草思社刊）に詳しく参考にさせていただいた。

西ドイツ、デンマーク、ノルウェー、スウェーデンを経てアメリカに向かった。

このあと、皇太子殿下の英国留学が話題になったが、困難ということになり、1968年の三笠宮寛仁親王のオックスフォード留学が戦後の皇族の英国留学の始まりとなった。

昭和天皇の欧州歴訪と各国王室の対応

皇太子時代の欧州歴訪を最良の思い出とされる昭和天皇にとって、皇后とともにヨーロッパを訪れることは宿願であった。だが、皇太子訪英でも戦争の傷跡はなお大きいことが明らかになっていたし、米国大統領を迎えることは日本国内の反対運動に遭うことが予想され、アメリカに先立ってヨーロッパというのも躊躇された。

ただ、1970年の日米安保条約の更新を無事に乗り切って、米国との相互訪問も視野に入る中で、そろそろという状況は生まれていた。そうしたところ、1970年の大阪万博を機に来日した、ベルギーのアルベール皇太弟が、それなら、ベルギーから招待を出し、それを梃子にほかの国に働きかけてはどうかと提案し、事態は動き出した。

訪問国のうち、西ドイツとベルギーは、万博期間中の元首の来訪に対する答礼訪問、英国は、将来においてエリザベス女王が来日することを前提とした交換訪問であるとし、デンマークとオランダは非公式訪問、フランスとスイスは休養のために滞在となった。

歓迎式典や晩さん会など公式行事に出席のほか、ワーテルロー古戦場やベルサイユ宮殿など皇太子時代に天皇が訪れた地を再訪し、ウィンザー公にも再会された。首席随員だった福田赳夫外相（当時）によれば、陛下は動植物に深いご関心をもたれていたので、動物園、植物園ご訪問の日程が組み込まれたそうだ。

フランスではフォンテンブロー城の帰りに立ち寄ったバルビゾンの「バー・ブレオ」というレストランで、エスカルゴの殻を土産に持ち帰りたいと仰り、何個かと聞かれて、「サンコ」と答えられたので3個用意したら、「サンク（フランス語の数字で5）だよ」といわれたそうである。昭和天皇も福田外相も第一外国語はフランス語である。

全般的には各国で歓迎されたが、英国とオランダでは、抗議行動にも遭った。英国では、天皇が植樹した王立植物園の杉の木が翌日には伐り倒され、「彼らは無駄死にしたのではない」と書かれたカードがぶら下げられたり、オランダでは、ハーグで液体の入った魔法瓶が車に投げつけられ防弾ガラスにひびが入ったし、西ドイツでは過激派の学生デモがあった。

また、英国の歓迎晩さん会でエリザベス女王は「わたしどもは過去が存在しなかったと偽ることはできません。わたくしどもは貴我両国民間の関係が常に平和であり友好的であったとは偽り申すことはできません。しかし、正にこの経験ゆえに、わたしどもは二度と同じことが起きてはならないと決意を固くするものであります」と述べたのに対して、天皇は皇太子時代の英国訪問の思い出を語り、今後の両国関係の進展を希望すると述べるにとどまったので、それに批判的な論調もあった。

陛下のオックスフォード大学学生生活

今上陛下が英国のオックスフォード大学に留学されたのは、1983年から1985年にかけてであった。準備は早くから行われ、私も他の欧州留学経験者とともに、東宮御所で留学報告というかたちで、上皇陛下と天皇陛下にお会いしたことがある。

私は欧州各国の文化や制度の違いなどをご説明し、英国だけでなく欧州各国を広く訪れることをお勧めし、陛下からは音楽事情について質問があった。陛下から「ワグナーのオペラを楽しみにしているが上演回数は多くないと聞くが」とご質問があり、上皇陛下は、「それはナチスとの関係が深かったことも理由だろうか」と仰ったので、「ワグナーの作品はオーケストラの編成も大きく予算がかかるので上演回数が少ないだけだと思います」などとお答えした記憶がある。

6月21日に、ヒースロー空港にお着きになり、平原駐英大使、エリオット英外務省極東部長、従兄弟で日本航空ロンドン支店勤務の壬生基博氏（東久邇成子さんの次男）らの出迎えを受けた。外務省ではオックスフォードに元侍従の参事官を常駐させたり、東宮警察での勤

浩宮徳仁親王殿下（現天皇陛下）の案内でオックスフォード市内を見学される皇太子ご夫妻（現上皇上皇后両陛下）＝1984年３月５日（共同）。

務経験があって陛下とも近い平沢勝栄（現衆院議員）氏を書記官で駐英大使館に配するなど、バックアップ体制は相当に充実したものだった。英国政府も警官二人を貼り付けている。

到着翌日には、国会開会式に参加し、女王がサッチャー首相の作成した施政方針演説を読み上げるのを聴かれた。その翌日には、女王からティータイムに招待され、女王が自ら入れられた紅茶をごちそうになったが、このときアンドルー王子やエドワード王子も同席し、学生生活などについて懇談された。

その後、アン王女から食事に誘われたり、マーガレット王女などほかの王族からもお招きがあった。オックスフォード大学では、カレッジといわれる寄宿学校のようなものに属して、学内のあちこちでの講義を受けるシステムだが、カレッジのなかで生活し、社交生活をし、担任から勉学や生活の指導を受けるチュートリアルが基本に据えられている。

陛下が学ばれたマートン・カレッジは、こじんまりしてアットホームで警備もしやすく、食事が比較的「まし」なことでも知られる。卒業生があまりにも悲惨な食事の苦しみから後輩を救うために基金を寄付してくれたお陰である。

ここで陛下は、「中世におけるテムズ川の水運史」の研究をされたわけだが、英国内や欧州各国を自由に旅行され、リヒテンシュタイン、スイス、ベルギー、イタリア、フランス、オランダ、オーストリア、サンマリノ、バチカン、チェコスロバキア、ハンガリー、ノルウェー、スペイン、西ドイツを訪問されている。

スコットランドのバルモラル城（女王が亡くなった場所）に3日間滞在して、女王をはじめ、フィリップ殿下、チャールズ皇太子ご一家らとバーベキューやサケ釣りを楽しまれた。また、チャールズ皇太子・ダイアナ妃に誘われてコベントガーデン歌劇場でムソルグスキーの「ボリス・ゴドノフ」をご覧になったこともある。

他国の王族では、ベルギーのボードワン国王はもっとも日本の皇室と親しい方で、上皇陛下が皇太子として訪問されたときは、陛下を英国から呼び寄せただけでなく、オランダ女王まで食事に誘われて幅広い交流のきっかけにするよう配慮されたという。

ノルウェーのホーコン皇太子（現国王）は上皇陛下の来訪のときに、フィヨルドをクルーズ船で泊まりがけの観光に招待され、参加された。

また、冬になると、リヒテンシュタインのアダムス皇太子やルクセンブルク大公の冬の別荘に滞在してスキーを楽しまれている。また、スペイン王のマヨルカ島の離宮への招待、オランダ女王とのクルージングなど大勢の王族と時間を過ごすことができたようである。

陛下の留学中には、秋篠宮殿下や紀宮さま（当時）も訪ねてこられ、中華料理店では秋篠宮殿下が流暢な中国語で注文されて陛下が驚かれたというエピソードもある。

陛下は帰国後に『テムズとともに　英国の二年間』（学習院教養新書）という留学記を刊

行されており、また、当時、英国に駐在していた記者などが、さまざまな記事等を書いているが、たとえば、各国の王族とのお付き合いにしても、どこで、食事や遊びに誘われたとか、お世話になったといったものが中心で、どういうアドバイスを受けてその後役立っているといったことは、陛下ご本人も周囲の人もあまり発信されておらず、そのあたりは、昭和天皇の洋行のときなどについてのほうが、よほど、オープンだったようだ。

陛下の留学記を見ると、なかなか面白いエピソードがある。運転免許はお持ちになっていないとか、ゴルフは数回プレーしたとか、ディスコは留学前も含めて一度だけ体験したとか書いてある。毎朝、服装のアイロンがけはご自身でされたそうだ。

平成の陛下の英国への思い入れの強さ

上皇陛下は、ご即位ののち、1998年、2007年、2012年の3度、訪英されている。1998年の訪英は、デンマークと英国からの招請によるもので、ポルトガルにも立ち寄られた。

このころは、橋本龍太郎内閣だったが、それに先立つ村山富市内閣での「村山談話」で侵略や植民地支配について公式に初めて謝罪した流れで、陛下のお言葉でも「様々な形で苦難を経験した大勢の人々のあったことは、私どもにとっても忘れられない記憶となって、今日に至っております。戦争により人々の受けた傷を思う時、深い心の痛みを覚えますが、この度の訪問に当たっても、私どもはこうしたことを心にとどめ、滞在の日々を過ごしたいと思っています」と昭和天皇の訪英の際よりかなり踏み込まれたのが目立った。

それでも、第二次世界大戦で日本軍との戦闘経験を持つ退役軍人らが、ロンドン市内をパレード中の両陛下の目の前で抗議活動を行うなど雰囲気は厳しかった。

また、ハゼなどの研究における業績についてロイヤル・ソサイエティーからチャールズ２世メダルを授与され、ウェールズのカーディフも訪問された。

２００７年の訪問は、生物学者リンネ生誕３００年に当たり、リンネ協会の名誉会員である天皇陛下及び皇后陛下に招請があり、スウェーデンの古都ウプサラ大聖堂での記念行事出席とロンドンのリンネ協会で講演されるためのもので、あわせてバルト三国も訪問された。

ロンドンではバッキンガム宮殿で公式晩餐会が催された。また、オックスフォード大学のトリニティ・カレッジを訪問された。

２０１２年には、心臓冠動脈バイパス手術からわずか3か月にもかかわらずエリザベス女王の在位60周年記念行事に出席のため渡英された。このとき、君主たちを集めた記念撮影では、王位を失った元国王も含めた即位順なので、１９２７年即位のルーマニアのミハイ王がトップで、１９８９年即位の陛下は第9位と聞いて驚いた人がいたが、プロトコール上は肩書きや国の重要性と関係なく即位順だけで決まる。午餐ではスウェーデン国王と陛下が女王の両隣だったが、元国王と女王を除いた結果そうなっただけのようだ。

英王室から日本の天皇が特別に優遇されているのは、ガーター勲章の授与で、現在はスウェーデン、ノルウェー、スペイン、オランダの国王、デンマークの女王、スペインの前国王、オランダの元女王と上皇陛下が保持している。ベルギー王室が除かれているのは、ボードワン国王の葬儀での座席への不満と関係があるという説もある。

もともとキリスト教国の皇帝・国王だけだったが、オスマン帝国のスルタンが例外第1号となり、明治天皇以来、歴代の天皇がもらっている。ヨーロッパの国王（大公などは除外という意味）と非欧州の皇帝にという意味かもしれない。いずれにせよ、なんとなく分からない要素を残しておくのも権威を保つ秘訣なのであろう。

日本も、京都の大宮御所に泊めたのは、エリザベス女王夫妻とチャールズ皇太子夫妻だけだが、宿舎も差別化の道具としてよく使われる。１９７５年の上皇陛下ご夫妻が皇太子時代の訪英ではウィンザー城に宿泊されたことも配慮の一例である。

２０２０年第２四半期を目途に、令和の御代における天皇皇后両陛下の最初の外国ご訪問となる英国ご訪問が検討されていたが、政府は、同年3月、「国際社会における新型コロナウイルスの感染拡大の状況を踏まえ、ご訪問の時期を、英国政府と協議しながら、改めて調整することとした」と発表している。

なお、昭和から令和までの天皇陛下の外国訪問は次の通り。

6回　米国

5回　英国

3回　タイ、ドイツ、ベルギー

2回　オランダ、スイス、スウェーデン、デンマーク、マレーシア、フランス

1回　アイルランド、アルゼンチン、イタリア、インド、インドネシア、インドネシア、エストニア、オーストリア、カナダ、シンガポール、スペイン、チェコ、ノルウェー、バチカン、パラオ、ハンガリー、フィリピン、フィンランド、ブラジル、ポーランド、ラトビア、リトアニア、中国、ルクセンブルク、ポルトガル、ベトナム。

家康に仕えた三浦按針とオランダ・英国とのつながり

英国の王室と日本とのはじめての出会いは、英東インド会社が国王ジェームズ1世の国書を持たせて、ジョン・セーリスを1611年に日本に派遣したときである。大御所で駿府にあった徳川家康と秀忠に謁見し、長崎県の平戸に英国商館を開いたのである。

このとき話題となったのは、カナダの北側を通る航路の開発だった。北極海を使うという

のは現代でも難しいのだが、夏の間だけで良いというなら有望だったのである。

実際、ロシアは17世紀以前、海への玄関口を持たなかったが、1584年にイワン雷帝が北極海につながる白海にアルハンゲリスクを開港して、ロンドンと夏の間だけの航路を開いた。ついで、1649年にオホーツク海に進出するのだが、バルト海や黒海への進出は18世紀を待たなくてはならなかったから、この航路への期待も大きかったのである。

実際、東インド会社は、1609年に探検家ハドソンをカナダに派遣して、ハドソン湾を発見し、西へ進もうとしたが、過酷な航海に嫌気がさしていた船員たちの反乱で、ハドソンは厳寒のハドソン湾に置き去りにされて行方不明になり、地名にだけに名を残す。

最近、地球温暖化で砕氷船を使わずに航行が可能な時期もあるという報告もあり、もしかすると日欧間の最短航路という徳川家康の希望が正夢になるかもしれない。

それでは、この大航海時代にあって、英国は日本などアジアにどういう意識で進出しようとしていたのかを、当時の国際情勢とともに解説したいと思う。

「イギリス」はポルトガル語である

大航海時代を開いたのが、ポルトガルであることは、イギリスという国名が、ポルトガル語でイングランドをイングレスと呼ぶことに由来するということに象徴されている。逆に日本を英語でジャパンとなぜいうかは複数の仮説が可能だが、ポルトガル語でハポン（ＪＡＰＯＮ）というのを英語読みした可能性が高い。

どうしてポルトガル語なのかと云えば、極東とヨーロッパを結びつけたのがポルトガル人だったからである。大航海時代の到来は、オスマン・トルコがシルクロードの往来を邪魔したからだと勘違いしている人もいるが、イベリア半島におけるイスラム教徒に対するレコンキスタ（国土再征服）の延長だというのが正しい。

イベリア半島では、ゲルマン族ではあるがロシアからやってきた武骨な西ゴート族がトレドを首都とした王国を建てて支配していた。そこに、イスラム教徒が8世紀にアフリカから侵入し、アンダルシア地方を本拠に殆ど全土を支配したが、北部山間部の騎士ペラーヨが722年にイスラム軍を撃退し、アストゥリアス王国を建てて反攻を始めた。スペイン皇太子が代々アストリア公を名乗っているのはこのためだ。

こうして、各地に地方勢力も乱立したが、15世紀には、カスティリア、アラゴンとポルトガルに集約された。カスティリアは半島に残されたイスラム王国グラナダを攻め、アラゴンは地中海でイスラム勢力と戦い、ポルトガルの王子だったエンリケ航海王子は、イスラム教徒が支配するアフリカのセウタを攻略し、大西洋岸の南下を試みた。

北風が強く吹いて南下は容易だが、逆風が強く北に戻れず苦労した。王子の没年（１４６０

年）までにシエラレオネまで到達し、バーソロミュー・ディアスが喜望峰を発見したのち、バスコダガマが南インドに到達したのが1498年で、日本にも鉄砲とキリスト教を持ってやってきた（1540年代）。だが、スペイン（カスティリアとアラゴンが統一）はコロンブスを支援して西回りでアメリカ大陸やフィリピンを領有した。

また、スペインから独立したオランダはポルトガルの勢力圏を脅かし、スペインと覇権を競うようになった英国も日本にやってきたのが、関ヶ原の戦い前後の状況だった。

信長・秀吉と同時代のスペイン王フェリペ2世が「天正遣欧少年使節」を迎えたのは、1584年で、その子のフェリペ3世が、伊達政宗が1613年に派遣した「慶長遣欧使節」を迎えた。これに先立つ、1609年にメキシコ（ヌエバエスパーニャ）へ向かうフィリピン総督ロドリゴ・デ・ビベロの船が房総半島に漂着したので、駿府にあった徳川家康は帰国を援助し修好を提案した書状をもたせたところ、ヌエバエスパーニャ副王（スペイン語でビレイという）ルイス・デ・ベラスコは、日本に感謝の使節を派遣してフェリペ3世からの贈り物として、1573年にベルギーで製作された金の置き時計をもたらした。

これが家康の遺品として久能山東照宮に蔵され重要文化財に指定されている。部品を補修などされないまま保存されていたので、当時の技術を知る世界的に貴重な資料である。

彼らが家康や政宗と交流したのは、メキシコからマニラへは直行が可能だが、復路では風向きから北回りの大圏航路を通る必要があり、寄港地として東日本の港が有望だったからである。しかし、マニラの商人たちが日本と中国を結ぶ通商が始まるとマニラに取って代わる可能性があるとして妨害したので、フェリペ3世の政府は採用せず発展しなかった。

オランダは、1602年には東インド会社を設立したが、それに先立って船団を派遣し、船長のヤコブ・クワッケルナック、航海士の英国人ウィリアム・アダムス、オランダ人ヤン・ヨーステンらが乗ったリーフデ号が豊後に漂着した。

クワッケルナックは、総督マウリッツォ宛ての書状をもって帰国したが途中でポルトガル人に殺された。だが、書状は届けられ、マウリッツォから家康への親書を持った使節が、1609年に駿府の家康に面会し、結果、オランダ商館が平戸に設立された。

アダムスは三浦按針という名を与えられ、家康の通訳・外交顧問となったが、英国にも手紙を書いて家康が通商を望んでいると伝えたので、英国東インド会社では、ジェームズ1世の国書を持ったジョン・セーリスを1611年に日本に派遣した。

だが、英蘭の対立が激化し、1623年のアンボイナ事件で東南アジアから英国は撤退してインドでの勢力拡大に専念し、平戸の英国商館も閉鎖された。そののち、ナポレオン戦争の余波で英国船フェートン号がオランダ船を追って長崎港に侵入する事件があったが（1808年）、本格的な交流は、ペリーの米国艦隊来航以降になる。

撮影　小学館写真室、日本雑誌協会代表取材、宮内庁、内閣府

エリザベス女王来日時にはそのファッションも話題を集めた。全国紙の紙面にも「今日のファッション」コーナーが設けられるほどの人気ぶりだった。

column

英国以外の欧州各国王室と日本皇室の関係

スペインのフェリペ6世国王は、2017年に国賓としてのほか令和の即位礼でも訪日されているほか、皇太子時代にも平成の即位礼、長野五輪に来日されている。フアン・カルロス前国王も1980年と2008年に国賓として、また長野五輪や昭和天皇の大喪の礼で来日。

平成年間に両陛下は、1994年に訪問された。今上陛下は、皇太子時代に皇太子時代の現国王の結婚式典、バルセロナ五輪、セビリア万博、サラゴサ万博などで四回訪問されている。

オランダのウィレム・アレキサンダー国王は、皇太子として1991年にベアトリックス女王が国賓として来日されたのに同行。平成の即位礼・長野五輪・愛知万博などの機会に訪日されて、即位後も2014年に国賓として、また、令和の即位礼にもご参列。

上皇陛下ご夫妻は、皇太子時代の1979年のほか、即位後は2000年にご訪問。今上陛下は、2002年に皇太子（現国王）の結婚式典ご出席、2013年には妃殿下とともに国王即位式ご参列。2006年には、ベアトリックス女王のご招待で妃殿下・愛子内親王殿下とご静養のためご滞在。

ベルギーのボードワン国王は1964年に国賓として来日され、昭和天皇の大喪の礼・平成の即位礼などで度々訪日された。1993年に同国王が崩御された際には上皇上皇后両陛下が天皇皇后としてご葬儀にご参列になっておられる。また、ファビオラ元王妃の2014年の葬儀には当時の皇后陛下がご参列。

フィリップ国王は、2016年に国賓として、また令和の即位礼ご参列。皇太子としても、1996年に父君アルベール2世国王（当時）が国賓として来日されたのに同行され、また長野五輪・愛知万博などの機会にも訪日されて、合計12回我が国を訪れておられる。

上皇上皇后両陛下は、ご即位前にベルギーに5回お立ち寄りになっておられ、即位後も1993年にご訪問。今上陛下は、皇太子時代の1989年に「ユーロパリア・ジャパン」開会式に際しベルギーをご訪問になられた。1990年には同国における学会にご出席、1999年にはフィリップ皇太子の結婚式典に妃殿下とともにご参列。

ルクセンブルクのジャン前大公は1999年に国賓として来日され、昭和天皇の大喪の礼・平成の即位礼・長野五輪などの機会にも訪日された。アンリ大公は、即位以来、2017年の国賓としてのご来日、2019年の即位礼ご参列、2021年の東京五輪を含め四回来日されているが、皇太子としても、長野五輪などの機会に度々訪日されている。

上皇上皇后両陛下は、即位前に1983年にお立ち寄りになり、1997年に天皇皇后としてお立ち寄りになられた。

今上陛下は、皇太子として2012年に皇太子の結婚式典ご参列、また1990年に同国にお立ち寄りになっておられる。

デンマークのマルグレーテ女王は、ご即位前の1963年や、大阪万博でも来日された。ご即位後は1981年と2004年に国賓として来日され、平成の即位礼にも参列された。

上皇上皇后両陛下は、皇太子時代の1985年。即位後の1998年にご訪問。今上陛下は、皇太子として、2004年に皇太子の結婚式典ご出席のため、2017年にもご訪問になられた。

スウェーデンのカール16世グスタフ国王は、大阪万博の機会に皇太子として来日。1980年と2007年に国賓として訪日され、昭和天皇の大喪の礼・平成と令和の即位礼・長野五輪などの機会に計二十回近く訪日されている。

上皇上皇后両陛下は、1985年に訪問になっておられ、即位後は2000年と2007年にご訪問。今上陛下は、皇太子として2010年に皇太子ご結婚式典参列のためご訪問になられた。

ノルウェーのハラルド5世国王は、皇太子当時も1964年の東京五輪に選手としてご参加・昭和天皇の大喪の礼・平成の即位礼など非公式を含めて五回訪日されているが、即位後の2001年に国賓として来日されている。

上皇后両陛下は、皇太子時代の1985年、即位後は2005年にご訪問。今上陛下は、皇太子として1991年に先代のオラフ5世国王のご葬儀参列のため訪問されている。

モナコのアルベール2世公は、皇太子としても昭和天皇の大喪の礼・平成の即位礼・長野五輪などの機会に度々訪日され、即位後は令和の即位礼ご参列及び東京五輪の機会を含め、5回来日。

リヒテンシュタインのハンス＝アダム2世公は、皇太子として、昭和天皇の大喪の礼ご参列を含め2回来日。アロイス皇太子も平成と令和の即位礼ご参列を含め3回来日された。

バチカンのフランシスコ教皇は2019年に来日された。上皇上皇后両陛下（当時天皇皇后両陛下）は1993年に同国にお立ち寄りになられ、またカステル・ガンドルフォ離宮でヨハネ・パウロ2世教皇とご会見になっておられる。なお、今上陛下は留学中にヨハネ・パウロに2世を訪問されて、大きな話題になった。

The Mega Agency／アフロ

エリザベス女王から贈られた真珠のネックレスを身に着けるキャサリン妃。

第4章

欧州のロイヤルファミリーはみんな親戚

アルハンブラ宮殿を愛したイザベル女王

現在、ヨーロッパにはスペイン、オランダ、ベルギー、ルクセンブルク、デンマーク、スウェーデン、ノルウェー、モナコ、リヒテンシュタインに世襲の君主がいる。アンドラとバチカンも君主国に数えられるが、世襲ではない。

英国以外のヨーロッパ各国で、最大の君主国はスペインである。ただし、この国は王制と共和制を行ったり来たりしており、いまも世論調査では、王制廃止論が3分の1程度あり、王族も非常に神経質な対応を強いられている。

イベリア半島の歴史については、第四章で紹介したが、イスラム教勢力に対しては、カスティリアのイザベル女王とアラゴンのフェルナンド2世が結婚して連合を組み、グラナダを1492年に制圧した(これが事実上のスペイン王国の誕生でふたりの墓はグラナダにある)。

しかし、ただひとりの王子が若くで死んだので、新大陸やイタリアの一部も含めた領土は娘のファナの子であるハプスブルク（スペイン語でアプスブルゴ）家のカルロス1世（神聖ローマ帝国皇帝カール5世）のものになった。

しかし、領地が散らばりすぎているので、オーストリアと神聖ローマ帝国皇帝は弟のフェルディナントが分家を起こして継承し、残りはスペイン王フェリペ2世が支配した。だが、

18世紀にフェリペ2世の曾孫の代でスペイン・ハプスブルク家は断絶した。そこで、母と妃がスペイン王女であるフランスのルイ14世は、孫のアンジュー公をスペイン王として送り込み、ブルボン（スペイン語ではボルボン）家のフェリペ5世が誕生した。

フェリペは男系男子相続を採用し、また、同君連合を解消して統一国家としてのスペイン王国が完成した。ところが、19世紀に、フェルナンド7世に男子がなかったので原則を曲げて弟のカルロでなく娘のイザベル2世を女王としたので、カルロを擁するカロリスタが叛乱を起こして政情不安になり（その後の結婚で王家はブルボン家男系男子の子孫に戻った）、

１８６８年に第一次共和制、１８７４年に王政復古となったが、１９３１年にまたもや共和制となった。１９３６年には人民戦線内閣が成立して急進的改革を進めたので、保守派のフランコ将軍が叛乱を起こし、内戦ののち勝利した。フランコ時代には、スペインは王国でありながら王がおらず、フランコが終身元首で、後継者を指名できるとされた。

フランコは、若い王子ファン・カルロスを手元に置いて、これに帝王学を叩き込み、１９６９年に後継者に正式指名。１９７５年、フランコ総統の死によって王政復古となった。

１９７８年制定の新憲法で、国王は儀礼的な役割を果たすのみとなり、１９８１年、治安警察部隊が国会を占拠し、軍事政権樹立を求めたときも、国王は三軍総司令官として軍服に身を固めてテレビ出演し、民主主義を維持することを国民に訴え、軍事クーデターは失敗して

しばらくは、王の人気は高かった。

だが、経済危機のときにボツワナでサファリを楽しんでいたことが発覚、次女のクリスティナ王とその夫である夫のハンドボール選手イニャキ・ウルダンガリンの公金横領スキャンダルも響いて退位に追い込まれた。さらに、退位後、サウジアラビア新幹線の建設で鉄道建設会社との取引仲介への見返りとして仲介料を受け取り隠匿していたことが発覚し、現在は、アラブ首長国連邦で暮らしている。

もう一人のエレーナ王女が来日したとき、東宮御所での接待に外務省高官の娘として参加したのが小和田雅子さんで、これがきっかけでお付き合いが始まりご成婚となった。ファン・カルロスの王妃はギリシャ最後の国王コンスタンティノス２世の妹ソフィア。

息子のフェリペ６世は１９５㎝の長身でオリンピックのヨット競技に出場したこともある。王妃のレティシア・オルティス・ロカソラーノは、人気ニュースキャスターで離婚歴があった。ただし、スペインでは、市役所での民事婚ののち、教会での結婚式を挙げるのが普通だが、彼女は民事婚だけだったので、教会との関係では初婚なのが好都合だった。

反対論もあったが、家族と国民の理解をなんとか得られたのは、フェリペがその前につきあっていたノルウェー人モデルよりはましということもあった。マスコミの取材攻勢が一因といわれる妹の自殺、激やせ、義母との対立などプライベートには、なかなか辛いニュース

撮影 小学館写真室、日本雑誌協会代表取材

スペインのフェリペ６世とレティシア王妃。スペインのブランドのドレスが注目を集めた（即位礼正殿の儀にて）。

もあるが、美貌とファッション・センスやコミュニケーション能力は際立っている。

レオノール王女と妹のソフィア王女は、美人姉妹で注目のまと。２００5年生まれのレオノール王女は、チェロが得意。王位継承は、男子優先なので弟が生まれたらそちらが優先だが、順当にはイザベル2世以来の女王が21世紀半ばには誕生する可能性が高い。

レオノール王女は既に15歳からスピーチなど公務をこなしている。２０２1年からウェールズに留学されていたが、帰国後陸軍士官学校に入り、1年間ずつ陸海空軍人としての訓練を受けられた。ＦＩＦＡワールドカップ・カタール２０２２のときは、スペイン代表ＭＦガビ（バルセロナ）に熱視線を送っているとロマンスを予感させるような報道もあった。

実父との絶縁を条件に結婚を許されたオランダ王妃

現在のオランダが16世紀にはスペイン領だったのは既に紹介した。宗教改革のときのカルロス1世（神聖ローマ皇カール5世）は寛容だったが、スペイン生まれのフェリペ2世はネーデルランド総督のアルバ公にプロテスタントを弾圧させた。そこで反乱が起き、オランダは独立した。ベルディの歌劇「ドン・カルロス」で描かれている歴史だ。

オランダ独立戦争を指揮し、実質上の初代君主となったのは、オラニエ（仏語でオランジュ、英語でオレンジ）公ウィレム一世である。ケルンの東にあるディレンブルクのナッソウ伯というドイツの小貴族だったが、婚姻でベラスケスの名画「ブレダの開城」で知られるフランドルのブレダ領主、フランスのオランジュ公（ローマ遺跡を使った音楽祭で有名）となり、オラニエ＝ナッサウ家と呼ばれる。オランダの皇太子は、オラニエ公を名乗る。

ウィレム一世は、ホラント州とゼーラント州（ニュージーランドの語源）の総督に推され、ユトレヒト同盟を1579年に結成し、1581年に「オランダ独立宣言」を出した。独立はウェストファリア条約（1648年）で正式に独立を認められたが、7州はウィレムの子孫、4州を弟のヨハンの子孫が総督を世襲した。このころ、日本との関係が始まっていたが、東洋では国王という称号を僭称していた。

その後、ウィレム1世は名誉革命後のイングランド王（ウィリアム3世）を兼ねたが、子がなかったので、ヨハンの系統に統合された。ナポレオン戦争中には、ナポレオンの弟ルイがオランダ国王となり、ついで、フランスに併合されたが、ウィーン会議で王国として認められ、オラニエ公ウィレム6世がオランダ（ネーデルランド）国王ウィレム1世となった。「オランダ王」としては初代である。

オランダではウィルヘルミナ、ユリアナ、ベアトリクスと3人の女王が続いていた。日本にペリー来航を知らせてくれたウィレム3世の男子がいずれも子を残さないで死んでしまい、また、その叔父や大叔父の男系の子孫も誰もいなかったからである。

Abaca／アフロ

夏休みを家族で過ごすフェリペ６世（左）ご一家。国王の隣りがレオノール王女、ソフィア王女、レティシア王妃。

撮影　小学館写真室、日本雑誌協会代表取材

オランダのウィレム＝アレクサンダー国王とマキシマ王妃。ブルーグレーのドレスにヘッドピース（即位礼正殿の儀にて）。

ウィルヘルミナ女王は（在位1890〜1948年）は10歳で即位し、2度の世界大戦を女王として経験し、58年間も在位した。ドイツのハインリヒ・ツー・メクレンブルク大公国の公子の一人ハインリヒ・ツー・メクレンブルクと結婚し、オランダ公子で殿下の称号を与えられた。死産と流産を繰り返し、ユリアナ王女のみが育った。

ユリアナ女王は、ドイツのノルトライン＝ウェストファーレン州のリッペ＝ビーステルフエルト侯国のベルンハルトと結婚し、4人の娘をもうけた。ベルンハルト殿下には、フランス人の愛人との娘アレクシアの存在が公然の秘密だったが、殿下は死の直前に、「アリシアという50歳の娘」の存在を明らかにした。ユリアナ女王は、これらの隠し子もかわいがっていたが、ベルンハルト殿下はオランダ版ロッキード事件にかかわり、こちらでも女王を困らせた。一方、女王も占星術師に影響されていると批判されたこともある。

ベアトリクス前女王は、夫でドイツの外交官だったクラウス殿下がヒットラー・ユーゲントのメンバーだったことから結婚に反対運動が起きた。また、殿下は鬱病に悩んだ時期もあったが、率直な病状の公開で国民の支持をつなぎ止めた。

ウィレム・アレクサンダー国王の皇太子（オラニエ公）時代の結婚はアルゼンチン人でニューヨークの銀行に勤めていたマキシマ・ゾレゲッタの父親、ホルヘがアルゼンチンの軍事政権下で農業相を務めたことから政府が難色を示した（この虐殺事件に抗議姿勢を明確に示さなかったので、フランシスコ教皇も批判されている)。

結局、マキシマが父親と政治的意見をともにしないと表明し、結婚式に参列させないことを条件に国会の承認を得られた。母親の出席は可能だったが、母親は拒否し、戴冠式についても同様だった。宗教は、英国と違って王妃がカトリックであってはならない法令がないので、子どもをプロテスタントで育てることでクリアした。信教の自由は王族にはないのがヨーロッパでは常識なのである。

国王夫妻には３人の王女がいる。１９８３年に憲法が改正され、男女にかかわらず長子が王位を継承することになっていたので、長女カタリナ＝アマリア王女の将来の王位継承が最初から確定している。アムステルダム大学で政治学などを学んでいるが、脅迫(理由は公表されていない)を受けて通学できなくなって心配されている。

国王の弟であるオラニエ・ナッソウ伯フリーゾが結婚したメイベル・ウィッサシュミットは、ＮＧＯや人権保護団体を組織していたが、王族にはふさわしくない交友関係が多かった。王子は結婚を許可はされたが、王位継承権放棄が条件とされた。だが、オーストリアのスキー中に雪崩事故で昏睡状態となり一年後にハーグのハウステンボス宮殿で死去した。

ベアトリクス前女王の妹であるイレーネは、スペイン・カロリスタ派(前述)の王位要求者カルロス・ウゴ(パルマ公爵)と婚約したが、カトリックでオランダの宿敵であるスペイン王族という困った相手であった。王位継承権を放棄させられ、両親はローマのサンタ・マリア・デ・マジョーレ聖堂での結婚式をテレビで観ることになった。

夫妻は離婚したが、娘のマルガレータは怪しげな実業家と結婚し、そのビジネスをめぐってオランダ政府が警告したのに、「夫の事業に支障が出ている」と怒り、祖父母であるユリアナ女王とベルンハルト殿下の結婚生活について、妻妾同居だったと公表した。

ただし、王女はのちに離婚し弁護士と再婚し、王室との関係も復活し、「パルマ・ブルボン公女にしてオランダの王族」扱いされている。

ベルギーでの兄弟継承は日本の皇室にとっても参考になる

中世史ではフランドルという名がよく出てくる。もともとは中世のフランドル伯領で、ブリュージュとかガントあたりであるが、今日、フラマン地域と言えばベルギー北部のオランダ語系フラマン語を話す地域である。

オランダの独立のあとも、カトリックが多かったフランドルはスペイン領であり続け、スペイン継承戦争の処理でオーストリア領になったが、フランス七月革命の余波で1830年になってにベルギーという国が出来た。

独立の時、ベルギー人は、フランス王ルイ・フィリップの王子を国王として迎えようとした。だが、ルイ・フィリップは、イギリス王家の親戚であるザクセン＝コーブルク＝ゴータ家のレオポルトを推薦し、自分の娘であるルイーズ・マリーを王妃に送り込んだ。

第二次世界大戦中、政府はロンドンに亡命したが、レオポルド３世はナチスに降伏して協力する形になって、戦後、国民投票では生きのびたが、息子のボードワンに譲位した。ボードワンとファビオラ王妃には、子供がなかったので、弟のアルベール殿下が皇太弟となったが、年齢差は４歳だった。

妃であるイタリアのカラブリア公爵令嬢パオラ・ルッフォはヨーロッパ社交界きっての美女といわれたが、フェリーニ監督の「甘い生活」の舞台となった１９５０年代イタリアの退廃的気分のなかで育った自己主張の強い女性だったし、アルベールもプレイボーイぶりを発揮し、後継者にはふさわしくないとみられていた時期もある。

そこで、息子のフィリップ王子への直接継承も選択肢といわれ、ボードワンが外遊に同行させるなど帝王教育を行ったが、ボードワンの急死で年齢的にも若く、未婚であることからも早すぎるということになり、アルベールが即位した。

王室は伝統的にフランス語が優位で、パオラ王妃はフラマン語が上手にならないと非難されていた。そこで、２０００年に、皇太子フィリップがフラマン系のデュデケム・ダコ伯爵令嬢マルグリッドと結婚したことが歓迎された。

2013年7月3日、アルベール2世は7月21日の建国記念日にフィリップ王子に譲位すると表明し、退位布告への署名の後、フィリップが即位の宣誓を行った。老獪な政治力のある父親と違ってよくいえば率直といわれるので、父王の死後に国王となるのは、そのときの政治情勢によっては不安もあり、政治的タイミングを見計らって短い予告期間で即位させ、後見しようという意図だったといわれる。

フィリップにはガブリエル王子もいるが生まれる前の1991年に長子優先に法改正しているので、エリザベート王女が優先し、皇太子の称号であるブラバント公位を継承している。ウェールズのアトランティック・カレッジ（UWC）に入学したのち、ベルギー王立軍学校で軍事的訓練を受けながら社会・軍事科学を学び、2021年にはオックスフォード大学リンカーン・カレッジに入学している。

国王の妹アストリッドも人気があって、女王にという声もあったほどだが、オーストリア最後の皇帝の孫でハプスブルク家のエスターライヒ＝エステ大公ローレンツと結婚したので、歴史的因縁もあってどうかと圏外となった。兄と妹での争いになりかねない王位継承の混乱要因を除去する狙いもこの結婚にあったともいわれる。

ハプスブルク・ロートリンゲン家（ロートリンゲンはマリア・テレジアの夫の姓で18世紀以来の正式家名）の分家だが、現在の当主は庶民と結婚したので貴賤婚で資格がないとか、その弟は妻がプロテスタントなので有資格者でないと主張する保守主義者もいて、ロレンツが潜在的なオーストリア・ハンガリー皇帝家の継承者とみる向きもいてややこしい。

結婚後も家族ともども王族として扱われて公務を執り行っており、２０２２年には経済代表団を率いて来日し、悠仁様も含めた秋篠宮皇嗣殿下一家と交流を深めた。

いずれにしても、ベルギー王室は現在の日本の皇室とよく似た家族構成であり、さまざまな意味で参考になると思われる。アルベール2世には、シベル・ド・セリス＝ロンシャンとの間にデルフィーヌ・ボエルという子がいるといわれていたが、生前退位したことによりアルベールは不訴追特権を失い、デルフィーヌが認知を求めて提訴した結果、ＤＮＡ鑑定が行われ、裁判所から親子関係が認められ、デルフィーヌを王女と認定し、兄や姉と同じ待遇を受ける権利があると評決している。

君主の庶子が殿下（ＨＲＨ、ヒズ・ロイヤル・ハイネス）の称号をもらうことは、滅多にないが、１９９１年に成立したベルギー王室に関する法律で可能になっていたのが理由である。はたして、法律制定の時にそういう想定をしていたのかどうか分からない。

アルベールが、デルフィーヌを宮殿に呼び「私の子ではない」と告げたのが訴訟のきっかけになったといわれる。王位継承権は認められていない。

撮影 小学館写真室、日本雑誌協会代表取材

ベルギーのフィリップ国王とマティルド王妃。艶やかなワントンコーデ（即位礼正殿の儀にて）

女王の夫はキングであるべきと主張したデンマーク女王の夫

ヨーロッパでいちばん古くから続いている王家は、デンマークのグリュックスブルク（デンマーク語ではグリュックスボーだがドイツ語名が有名）家とされている。デンマークではハラール青歯王（通信技術ブルートゥースの語源）が960年にキリスト教を受け入れたが、その父親がゴーム王（936〜958）で、世界遺産のユトラント半島イェリングの石碑群にこの父王の事績が刻まれていることから初代扱いされ、そののち、だいたい継続してゴーム王の子孫が現代に至るまで王位に就いている。

デンマークでは原則として女王は認めていなかったが、女系相続は否定していなかったので、何度もの王朝交代がある。現王室の名はグリュックスブルク家である。クリスチャン9世が、クリスチャン3世の男系子孫であり、女系だがフレゼリク5世の曾孫、妃もクリスティアン8世の姪という合わせ技で即位した。

この王は、領土は減らしたが、閨閥づくりで大成功して、娘がロシアとイギリスに嫁して孫がそれぞれニコライ2世とジョージ5世の母となったので、「ヨーロッパの義父」といわれた。息子がギリシャ国王ゲオルギオス1世となり、その曾孫がチャールズ国王である。

女王マルグレーテ2世は1940年生まれで、コペンハーゲン大、英ケンブリッジ大で国際法、フランスのソルボンヌ大で文学を専攻した。三姉妹で男性の適任者がなかったので、1953年に憲法が改正され、女王が可能になった。1967年フランス外交官だったラボルド・ド・モンペザ伯爵家のアンリ（ヘンリック）と結婚し、1972年1月14日に即位した。ヘンリック殿下のデンマーク語はあまりうまくないし、夫妻は中部フランスのカオール（ワインの産地）の別荘で過ごすことを好んだ。

フレデリック皇太子と次男のヨアキムという王子がいて、フレデリックはシドニー五輪の際のパーティーでメルボルンの広告代理店で働いていたメアリー・ドナルドソンと知り合い結婚した。2人の間には2男2女があり、長子は2005年生まれのクリスチャン。

ヨアキム王子は、香港から来た中国系で年上のアレキサンドラと結婚して話題になったが、2004年に離婚した。2008年にヨアキムはフランス人のマリー・カバリエと再婚。1男1女がいる。

2022年、「ヨアキム王子の子孫は2023年以降、モンペザ伯爵の称号のみ使用を許され、デンマーク王子および王女の称号は名乗れない」とした。王子と夫人たちは強く不満を唱えているが、女王が王族の肥大化を防ぐ措置を息子の次期国王の手を煩わさないために、あらかじめ実行したものと見られる。

また、もうひとつの頭痛の種は、女王の夫であるヘンリクが、キング・コンソートでなくプリンス・コンソート（王配殿下）でしかないと抗議したことである。英国では、フィリップ殿下に王配殿下の称号すら与えてなかったのだが、男女平等なら国王の妃がクイーンなら女王の夫はキングだろうということに筋の通った意見だった。

拒否されると、２０１７年８月、「立場の不平等を理由に女王と同じ墓所への埋葬を拒否し、王室もこれを認めた」と声明した。翌年の薨去後、ロスキレ大聖堂に埋葬するのが慣例だったが、遺体を火葬にし、半分はデンマークの海に散骨し、残りは王室邸宅の敷地内に埋葬した。

ノーベル賞の授賞式でおなじみスウェーデン国王

スウェーデン王室が毎年、脚光を浴びるのは、ノーベルの命日である12月10日にストックホルム市庁舎に１０００人ほど招いて行われるノーベル賞授賞晩餐会のときである。

フランス革命のころのグスタフ3世は、「ベルサイユのバラ」で有名になったフェルセン伯爵をフランスの宮廷に送り込んでマリー・アントワネットに食い込んでロシアと対抗しようとした。しかし、ベルディの歌劇「仮面舞踏会」にあるように不平貴族たちによって暗殺された。

ナポレオン戦争でスウェーデンは反ナポレオンの先頭に立ち、フィンランド、ドイツ（西

撮影 小学館写真室、日本雑誌協会代表取材

デンマークのフレデリック皇太子とメアリー皇太子妃。スタイリッシュなドレスが目を引いた（即位礼正殿の儀にて）。

撮影　小学館写真室、日本雑誌協会代表取材

スウェーデンのカール16世グスタフ国王とヴィクトリア皇太子。華やかなロイヤルブルーのドレス（即位礼正殿の儀にて）。

ポメラニア）を失った。マリー・アントワネットの仇を討ちたいというフェルセンの私情がゆえで、フェルセンは民衆に撲殺され遺骸は全裸で側溝に投げ捨てられた。

中世にデンマークから自立した最初の王は反乱派の貴族グスタフ１世（在位１５２３～60年）で、プファルツ家、ヘッセン家、ホルシュタイン＝ゴットルプ家と交代しているが、女系ではカール13世まで連続していた。

ベルナドットはナポレオン麾下《きか》の将軍で、妻のデジレ・クラリーは、ナポレオンの兄であるジョゼフの妻の妹で、ナポレオンの婚約者だったこともある。反ナポレオン外交の失敗を挽回するために、カール13世が新国王に招聘したのである。

ベルナドットは、スウェーデン王としては、ナポレオンの意向に沿わず、ウィーン会議では、ノルウェーを兼ねることになった。２代目のオスカル６世の妃はジョゼフィーヌの連れ子だったイタリア副王ウージェーヌ・ド・ボアルネとバイエルン王女との娘である（ウージェーヌはナポレオン失脚後もバイエルン王家で保護され、子孫はスウェーデンだけでなくはノルウェー、デンマーク、ベルギー、ルクセンブルクの国王になっている）。グスタフ5世（在位１９０７～50年）の王妃であるビクトリア・フォン・バーデンの父が王朝交代前の最後の王であるグスタフ4世の外孫であるのでナポレオン以前の王朝ともつながった。

カール16世グスタフ国王のシルビア王妃はドイツ生まれで、母親はブラジル人である。ミユンヘン・オリンピックのコンパニオンだったときに知り合った。

長女ビクトリア、長男カール・フィリップ、次女マデリーンの3人の子がいる。カール・フィリップが誕生した1979年5月の段階では男子優先だったが、翌年の1月に男女問わず長子優先になったので、姉のビクトリアが皇太子になっている。

国王はこの法改正に難色を示したが政府は押し切った。こうした場合、すでに生まれている子には遡及適用しないのが普通だが、制度が改正されたのは、ビクトリアが2歳、カール・フィリップが0歳の時だから、本人の気持ちをもてあそぶ弊害はなかったわけで、悠仁様より愛子様や佳子様を天皇にといった場合の前例にするのは適切でない。

皇太子は、フランスに留学中に拒食症にかかったり、アメリカ留学中は恋人を呼び寄せて同棲したりした。その後、ストックホルムで通っていたスポーツ・ジム経営者のオロフ・ダニエル・ベストリング（現ベステルイェートランド公爵）と結婚した。交際期間に国王からの注文で、王族としてのマナーや知識を習得し合格したらしい。次女のマデリーン王女は、姉以上に美しいとの評判。イギリス人ビジネスマンと結婚した。海外で暮らしていたが、このほど帰国し、公務をこなすことになるそうだ。

column

グレース・ケリーはモナコ王妃でなく公妃だった

モナコの君主の称号は英語で言えばプリンスで、グレース・ケリーも「公妃（プリンセス）」であって王妃ではなかった。

現在の君主は長男のアルベールで、独身のまま、米国人ウェートレスとジャスミン・グレースという娘、トーゴ人キャビン・アテンダントとアレクサンドルという息子があり認知していたが、継承権はなく、姉のカロリーヌの子孫が継承するとされていた。

しかし、南アフリカの水泳選手であるシャーリーン・ウィットストックと結婚した。男女の双子が誕生し、出生順はガブリエラ公女が先であるが、憲法では男子が優先相続者となる規定があることによりジャック公子が公位継承権第１位である。シャルレーヌ妃は2021年に南アフリカで感染症にかかり、半年間現地に滞在したのちモナコに帰国した。

なお、2020年にはブラジル人女性との３人目の婚外子の存在も取り沙汰されたが、示談が成立したようだ。

アルベールの姉であるカロリーヌは、ソルボンヌ大学で学生生活を送り、母親譲りの美貌もあってたいへんな人気だった。ナポレオンの将軍の子孫であるフィリップ・ジュノーと結婚したが離婚し、イタリアの実業家でモーターボート選手のステファノ・カシラギと再婚し、３人の子供に恵まれた。

だが、カシラギは事故死し、カロリーヌはハノーバー王家出身のエルンスト・アウグストと３度目の結婚をしている。カシラギとの長子のアンドレアはイケメンで人気。

グレース・ケリーの二女で母が死んだ交通事故のときも乗り合わせていたステファニーは、ボディーガードと結婚し、子供も２人いたが離婚。未婚のまま３人目の子を産み、サーカス団員と再婚したが、また離婚した。

ノルウェー子連れ皇太子妃の大逆転記者会見が成功

ノルウェーはバイキングの故郷だが、872年に統一国家が成立した。デンマークに長く支配されたが、ナポレオン戦争後にはスウェーデンに支配されるようになった。だが、1905年に、デンマーク王フレデリク８世の次男で、母親はスウェーデン国王カール15世の娘ロビーサであるホーコン７世を迎えた。

現在のハーラル５世の王妃であるソニア・ハラルドセンはオスロの洋品店の娘で、妃になる為に大学に通い、美術史、英語、フランス語などを身につけた。平民の娘を迎えられたのは、日本で美智子様が皇太子妃になったのも前例とされたお陰だという。

国王には、第1子のイングリッド・アレクサンドラと長男のホーコン皇太子がいる。皇太子妃であるメッテ＝マーリット・ティェッセム・ホイビーの元夫はコカイン所持の犯罪歴があり、彼女もドラッグ・パーティーに出入りしていた。

婚約会見で過去の不祥事を告白し、同様の人たちの救済に力を尽くすと決意表明したことが好評でなんとか国民の支持を獲得することに成功した。

2004年に長女イングリッド・アレクサンドラ王女、2005年にはスベレ・マグヌス王子が誕生した。1990年の憲法改正で男女の区別なく第1子が王位継承順位第1位となったが、1990年以降に生まれた王族にだけ適用するので、ホーコンの継承順位は変わらない。

もし、遡及して順位を変えていたら、次期国王になっていたのが姉のマッタ・ルイーセ王女。王女はノルウェー人作家アリ・ベーンと結婚し3人の子を儲けたが、離婚。アリ・ベーンは自殺してしまう。最近は自称・シャーマン、米国人男性デュレク・ベレット氏と婚約し、2022年には、婚約者と代替医療事業に専念するため公務からは完全に引退すると発表された。さすがに、寛容なノルウェー国民にとっても我慢の限界を超えているのだろう。皇太子妃の連れ子であるマリウスは、王室の養子になっているが王位継承権はなく王子でもない。

外国人で貴族でないルクセンブルク大公妃の苦悩

ルクセンブルク（※）家は、14世紀から15世紀にかけて神聖ローマ皇帝やボヘミア王を出したが、本領のルクセンブルクは、支配者が激しく変わった。

ナポレオン戦争後のウィーン会議で、オランダ王が大公（グランド・デューク）を兼ねるルクセンブルク大公国となったが、1890年にオランダがウィルヘルミナ女王となったとき、オランダ王遠縁のナッサウ＝バイルブルク家のアドルフを大公として迎えた。

現在のアンリ大公の祖母、シャルロット女大公は、パルマ・ブルボン家のフェリックスと結婚したので、父系ではブルボン家である。また、フランスのアンリ4世の曾祖母がマリー・ド・リュクサンブールなので、中世ルクセンブルク家につながる。

大公妃はキューバ人のマリア・テレサだが、記者会見を開いて「義母（故

※フランス語ではリュクサンブール

人。ベルギー国王の伯母)は貴族の血筋でない私を目の敵にしている」と語って一騒動があったことがある。

大公世子のギヨームは1981年生まれ、ベルギー貴族出身のステファニー・ド・ラノワ伯爵令嬢と結婚し、第一子はシャルル。

リヒテンシュタインは、スイスとオーストリアの国境にあって、8世紀に神聖ローマ帝国のカール6世から諸侯としての地位を認められ、シェレンベルク男爵領とファドゥーツ伯領を購入した。独立の永世中立国である。

元首の称号フュルストは、公爵と伯爵の中間だが、英語にない肩書きなので、公国、公爵という表現もされる。

長男のアロイスが実権を譲られ、摂政と訳されることもある。アロイスの妃ゾフィー・イン・バイエルンは、カトリック派のジャコバイトに推される英国王位請求者である。

バチカン市国は君主制か

教皇が宗教上の権威であり、かつ、国家元首であることで、1981年のヨハネ・パウロ2世来日時には、国賓扱いをし、かつ、宗教行為もするという教皇側の希望をどう扱うか悩ましかった。

教皇か法王は、法王が普通だったのを教会が教皇としたので混乱していたが、近頃は外務省やマスコミも教皇としている。教皇は終身とされてきたが、ヨハネ・パウロ2世は、最先端での万全の医療を拒絶して亡くなった。そこで、ベネディクト16世は生前退位を選び、新教皇にアルゼンチンのベルゴリオ枢機卿が選ばれ教皇フランチェスコとなった。教会では、1世は2世が出現した時のもので、それまでは教皇フランシスコだとしているが、マスコミではフランチェスコ1世と呼ぶことも多い。

堕胎、同性婚に反対するなど道徳観においては保守的、経済観としては新自由主義に反対している。

前教皇は英語で「ポープ・エメルタス」とされるが、日本の上皇陛下はこれにならったか「エンペラー・エメルタス・オブ・ジャパン」と英語の呼称を定めている。

カタロニア地方のピレネー山中にあって、ウルゼル伯の相続人であるフランスのフォア伯と、ウルゼル伯からアンドラを寄進されたスペインのウルゼル司教とが争い、1278年に共同君主となった。

16世紀にフォア伯の肩書きは、ナバール王アンリに帰し、彼がフランス国王アンリ4世となって権利はフランス王に、今日ではフランス共和国大統領に受け継がれている。

系図Ⅲ　フランス王家を中心とした各国王家

○男性　△女性

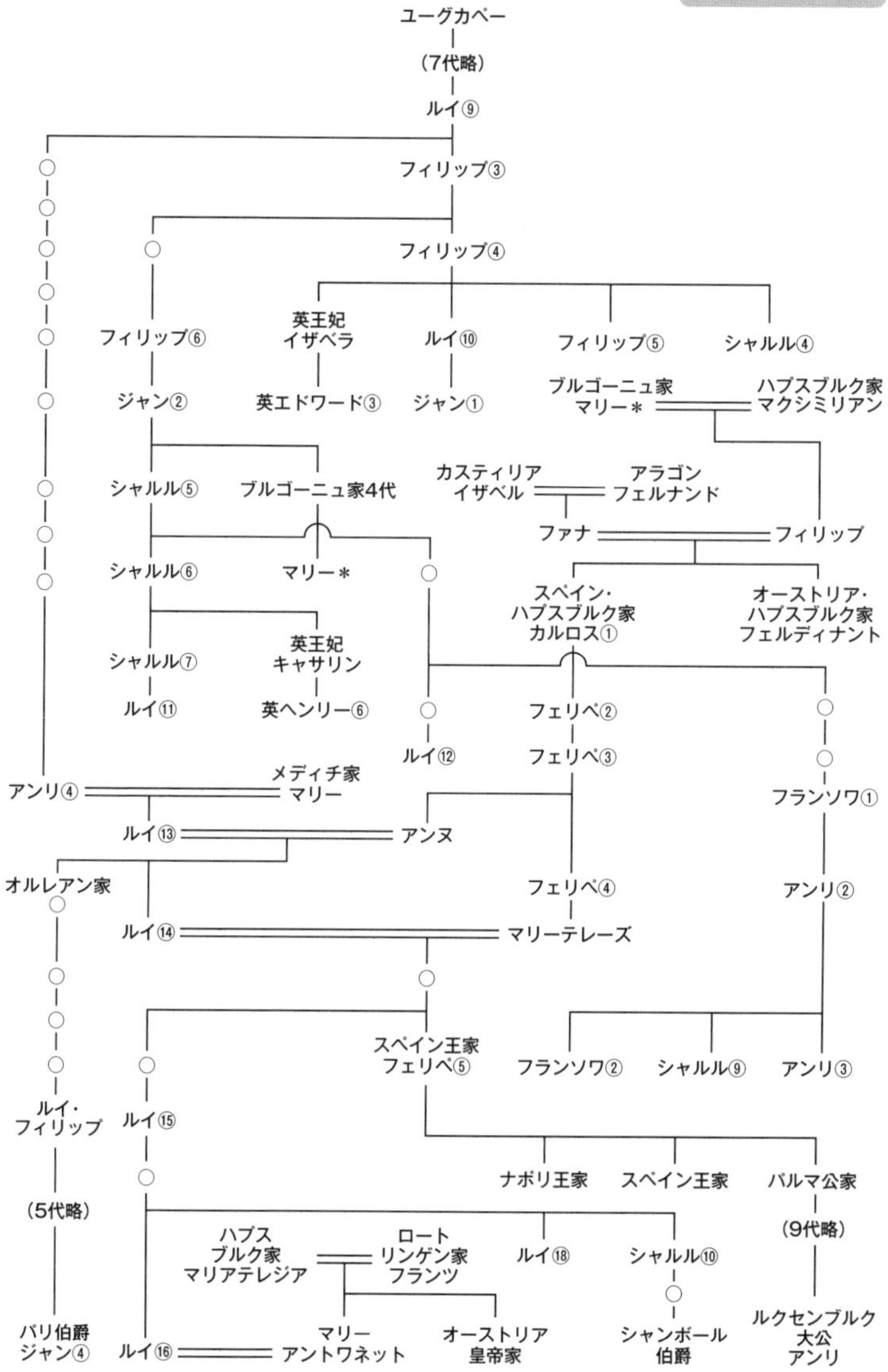

第5章

英国王室の親戚も。消滅した王国

第一次世界大戦でドイツ、オーストリア、ロシアの皇帝が消えた

ヨーロッパの帝王たちの世界を理解するには、今は共和国になっているフランス、ドイツ、オーストリア、イタリア、ロシアなどのロイヤルファミリーの歴史と子孫のプリンスたちの現在についても知るべきだ。

英王室もドイツ、フランス、ロシア、さらには中世の西ヨーロッパで最初の皇帝となったフランク王国のカール大帝（カロリング家）のＤＮＡを引いているし、いまも、現存の国王家と元王家の親戚づきあいが続いている。それに、各国の歴史は複雑に絡み合い関連しあっているからだ。

中世ヨーロッパは、西ローマ帝国滅亡（４７６年）からしばらくして、フランク王クロービスがキリスト教に改宗して（４９６年）始まった。そのフランク王国が、９世紀に仏独伊三国に分裂し、さらに、各地の領主のうち有力な者がローマ教皇から王として認められたのが、英国も含めた各国の起源である。

歴史的にはヨーロッパでは、サリカ法典というフランク族の法典が適用されて、男系男子、しかも、日本と違って嫡出継承が原則だ。つまり側室の子は排除されていた。

典型がフランスのブルボン家で、９８７年に即位したユーグ・カペーから現在の王位請求

者オルレアン家のジャン4世（パリ伯爵）まで男系男子嫡系で継承されている。だが、英国のように女王や女系継承を認めている国もあるし、イベリア半島では例外的に庶子の子孫の継承を認めたケースもある。

また、カトリックは原則として離婚は禁止だし、かなり遠縁でも近親結婚を認めない時代があったり、身分違いの結婚だと継承を認めなかったりした。さらに、ドイツ王のように選挙による王の選出が行われたこともある。

欧州統合のシンボルとしてのカール大帝

クロービスのメロビング家はベルギー発祥だが、パリをフランク王国の首都とし、ノートルダム寺院があるシテ島の西端、最高裁判所がある場所に宮殿を営み、現在のフランスとベルギー、オランダ、ルクセンブルク、それに旧西ドイツあたりを統一した。

だが、フランク族では分割相続が習慣だったので、何度も分裂と統合を繰り返して弱体化し、宮宰（摂政・関白）のカロリング家が台頭した。730年には、カール・マルテルが、スペインから北上してきたイスラム（サラセン）軍をフランス西部のツール・ポワチエの戦いで撃破し、その子の小ピピン（ピピン3世）が王位に就いた。

ローマ教会にとってメロビング朝の王たちは、気前の良い寄進者ではあったが、守護者としては頼りなかったので、諸侯・聖職者の集会でピピンの推戴を決めた（752年）。

ピピンの子がシャルルマーニュ（ドイツ語ではカール大帝）で、イタリアで教皇と対立していたランゴバルド王国を滅ぼしたので、800年のクリスマスに教皇はサン・ピエトロ寺院で帝冠を授けた。ただひとりの皇帝だった東ローマ帝国は難色を示したが、ベネチアなどを東ローマ帝国へ返還することを条件に追認した。そんなわけで、シャルルマーニュは、いまも統一ヨーロッパのシンボル的存在である。

この帝国も孫の代の843年のベルダン条約で、東西中の3つの王国に分かれ、東フランク王国はドイツ、西フランク王国はフランスの母体になった。

カロリング朝の支配は、フランスでは987年まで継続したが、ドイツでは911年、イタリアでは女系で生き延びていたが、936年の神聖ローマ帝国の成立で終わった。

西フランクでは、バイキングの侵入が頭痛の種で、885年にパリも包囲されたが、王に代わって防衛の先頭に立ったのが、カペー家のウード（のちのウード1世）である。

ウードはカロリング家の王子が幼少だったので王に推戴された。その後、この両家が交錯したが、カロリング家のルイ5世（怠惰王）が狩猟中の事故で死んだとき、ランス大司教アダルベロンが「王は血統の高貴さのみならず、知恵と武勇と寛大な精神の持ち主こそふさわしい」と演説しユーグを支持して王朝が交替した。

ブルボン家の当主はパリ伯爵を名乗る

男系継承者がいなくなると分家に王位は移り、「バロワ」（この継承が百年戦争の原因）、「ブルボン」（ルイ9世の子孫であるアンリ4世が初代）、「オルレアン」（ルイ14世の弟に発する）と続いたが、ユーグ・カペーの男系男子子孫でありつづけた。

フランス革命での中断もあったが、二月革命（１８４８年）までフランスを治め、現在はオルレアン家のジャン4世（ジャン・ドルレアン）が、パリ伯爵兼フランス公爵を名乗る。家名はオルレアン家だが、一族全体を呼ぶときはブルボン家ということが通例である。

ブルボン家（厳密にいえばカペー家）の王位が安定したのは、ユーグ・カペーからルイ10世まで13人が父子の相続で継続したからだ。日本でも『日本書紀』によれば神武天皇から成務天皇までが13人だから同じだ。

しかも、その中には、偉大な王が何人もいた。とくに、母親であるカスティリアのブランシュに騎士道精神の体現者として育てられ十字軍で活躍したルイ9世は公正な王として尊敬され、聖王（サン・ルイ）と呼ばれ、米国中部の都市、セントルイスにその名を残している。この十字軍運動は、もともとフランスで始まり、フランスの騎士たちが主力部隊として聖地で活躍した。

英仏百年戦争は、危機一髪のところでジャンヌ・ダルクが現れ、オルレアンを包囲から解放し、クロービスが洗礼を受けた地であるランスでシャルル7世の象徴的な即位式をあげて勝負がついた。

ジャンヌ・ダルクは男系男子の守護神

このとき、男系男子相続の根拠とされたのが、男子がいないと男系の先祖に遡って、いちばん近い弟の男系子孫が継承するという、ゲルマン民族に伝えられたサリカ法典の方式で、現在の日本の皇室典範も基本的にはこの原則を採用している。ジャンヌ・ダルクが守護神となって、男系男子の原則に固執することで、外国人が王になることを防いだというのも、サリカ法典方式の有用性の根拠とされている。

宗教戦争の時代、フランスもユグノー（清教徒）の台頭に悩むが、遠縁でユグノーであるブルボン家のアンリ4世（在位1572〜1610年）が即位し（即位時の王妃はバロワ家の王女マルゴー）、王がカトリックに改宗するかわりに、ユグノーの信仰も認めた「ナントの勅令」で混乱を収め、孫のルイ14世の時代である17世紀後半に絶対王制が確立した。

一方、15世紀から19世紀までフランス王家とドイツのハプスブルク家との間で続き欧州の平和を乱した長い争いの原因となったのが、ブルゴーニュ公国の遺産処理だった。

ブルゴーニュ公はフランスの親王家だが、結婚でフランドル（オランダやベルギーなどを当時はそう呼んだ）も領地にして、一つの国として仏独から独立しかねない勢いで、英仏百年戦争でも英国に加担してジャンヌ・ダルクを火あぶりにしたりした。

ところが、4代目のシャルル無畏公が娘のマリーだけ残して戦死したので、ブルゴーニュ本領は女系相続できずフランス王に戻されたが、私的財産扱いだったフランドルは娘のマリーが相続し、ハプスブルク家のフィリップと結婚したのでその子孫が引き継いだ。

だが、フランス王はフランドルも獲得しようとし、マリーの子孫はブルゴーニュを取り戻したいとして争った。しかも、両陣営ともルネサンスの花が咲き誇るイタリアでも支配を広げようとした。しかも、相続のいたずらで、スペインもハプスブルク家のものになったが、フランスもライン川に向かって少しずつ領土を広げた。

マリー・アントワネットは姉の身代わりだった

しかし、ルイ14世の母も妃もスペイン王女だったので、孫を国王として送り出すのに成功した。その後、ルイ16世はオーストリアのハプスブルク家からマリア・テレジアの娘のマリー・アントワネットを王妃に迎え和解したが、この頃のフランスは英国の勢力拡大にあって、カナダやインドで植民地を失った。さらに、啓蒙思想の発展への対処の誤り、王妃の浪費もあってフランス大革命（1789年）が起こって王と王妃は断頭台の露と消えた。

マリー・アントワネットは、アニメや宝塚歌劇の世界では人気だが、同情の余地はなくひとりで欧州最高の王国を壊してしまった。本来は姉でマリア・テレジアと夫のフランツの第9女であるマリア・ヨーゼファがナポリに、第10女のマリア・カロリーナがフランスに行くはずが、マリア・ヨーゼファの急死で、マリア・カロリーナがナポリに行ったので、第11女のマリー・アントワネットがルイ16世と結婚した。

マリア・カロリーナは母親似で、沈着で政治力があり、愚鈍な夫に代わってナポリ王国をよく治めた名君だった。彼女がルイ16世と結婚していたら、フランス革命は起きなかったに違いない。

フランスは第一共和政を経て、外国の侵略を撃退したナポレオンが、皇帝となった。ナポレオンはフランス革命の成果を集大成して制度化して近代国家を完成させ、その考え方をヨーロッパ全体に広げたが、ロシア遠征の失敗を機にブルボン家が復帰した。

しかし、亡命貴族たちは「何も忘れず、何も学ばず」帰国したので不満が高まった。「七月革命」で、ルイ14世の弟オルレアン公の子孫で自由主義的なルイ・フィリップが「七月王政」を樹立し、ベルギーの独立など欧州全体にもよい影響を及ぼした（1830年）。

だが、社会主義など進歩思想が広がり、「二月革命」（1848年）で第二共和政が樹立されたが混乱が広がり、ナポレオンの甥が皇帝ナポレオン3世となった。この下で経済的には大繁栄期を迎え、パリの大改造が実現したが、ナポレオン3世は普仏戦争に敗れて英国に亡命した。

「パリ・コンミューン」など急進的動きの反動で王政復古の気運が高まり、ブルボン家のシャンボール伯爵アンリに子がなかったので、まずアンリ5世が即位して、あとはオルレアン家ということで話がついた。だが、シャンボール伯爵が三色旗を国旗として認めないと固執して揉めているうちに、機運が冷めて第三共和政が発足した。

その後も、第二次世界大戦中やアルジェリア紛争のときなど、国家が危機に瀕すると、オルレアン家の当主を担ぎ出そうとする政治家がでてくる。現在の当主は先に紹介したジャン4世である。

だが、ルイ14世の孫がスペイン王になったとき、フランス王位継承権を放棄したが、これは法的に無効でスペイン王家に権利があるという一派がいる。ただ、現在のスペイン国王はフランス王位を要求していないので、分家が名乗っている。

さらに、ナポレオン末弟ジェロームの子孫のシャルル・ナポレオンはボナパルト家の当主として、皇帝位請求権があり、創価学会の池田大作名誉会長との対談本もある。

神聖ローマ帝国とドイツの誕生

東フランクでは、カロリング家が断絶し、女系でコンラート1世を経て、実力者ザクセンのハインリヒ1世が王となり、その子のオットー1世は、イタリア王の未亡人と結婚してイタリア王も兼ね、教皇ヨハネス12世から皇帝の冠を受けた（962年）。

これを、神聖ローマ帝国（サクルム・ロマヌム・インペリウム）の誕生という（名称としては12世紀から）。皇帝は教皇と連携しイタリアの掌握につとめたが、イタリア諸侯と対抗するためにもドイツ諸侯の協力を必要とし、ドイツでの群雄割拠が進行した。

その後も、形式的には諸侯の投票でドイツ王（あるいはローマ王）が選ばれ、それが皇帝として戴冠されたりされなかったりした。やがてザクセン朝は断絶し、フランケンのコンラート2世が皇帝に選ばれ、「ザーリア朝」と呼ばれている。

教皇が強くなり、グレゴリウス7世が皇帝の聖職者指名権を否定し、ハインリヒ4世が拒否すると破門にした。皇帝が厳冬期に裸足のまま面会を求めて許しを得たのが、1077年の「カノッサの屈辱」だが、このやり過ぎは批判され、教皇の方が失脚した。

やがて、南西ドイツ・シュバーベンのホーエンシュタウフェン家は、青い眼のイケメンで、十字軍でも活躍したフリードリヒ1世（赤髭を意味するバルバロッサが愛称）を出した。その孫がフリードリヒ2世で、シチリア王女を母としてシチリアで育った。

第6回十字軍を率いて聖地に遠征し、交渉でキリスト教徒の巡礼を認めさせ、聖墳墓教会の返還、イスラム教徒による岩のドームとアル＝アクサー・モスクの保有といった現代のエルサレムのあり方にも影響を残すまっとうな条件で和平をまとめた（1229年）。アラビア語など9か国語を話し、動物学に通じ、文芸を保護したほどで、ルネサンスという言葉を創った歴史家ブルクハルトから「最初の近代的人間」と賞賛された。

シュタウフェン朝断絶ののちでは、ルクセンブルク家が最有力で、ボヘミア王を兼ねていたので、プラハに宮廷を置いた。カール4世は、1356年に「金印勅書」を出し、皇帝選出権を7諸侯に限定し、君主権を確定させ、皇帝の選挙はフランクフルトで、戴冠式はアーヘンとされたが、やがて、これもフランクフルトに移された。

スイスの小領主だったハプスブルク家のルドルフ一世（在位1273〜91年）は、まとめ役として有能で義理堅かったので皇帝になって、このときオーストリアを手に入れた。そして、ルクセンブルク家出身の妃をもつアルブレヒト2世（在位1438〜39年）からあとは、皇帝位を独占するようになった。「他人をして戦わしめよ。汝、幸福なるオーストリア、結婚に励め」というのが家訓だとされる。

既に紹介したように、ハプスブルク家、スペイン王家、ブルゴーニュ公家の相続人だった皇帝カール5世（ベルギー生まれで母国語はフランス語）は、オーストリア、オランダ・ベルギー、スペイン、中南米、南イタリアをすべて相続したが、散らばっていて維持困難だったので、オーストリアと皇帝位は弟のフェルディナントに譲られた。彼は、結婚でハンガリーやボヘミアを得て、オーストリア・ハプスブルク家の祖となった。

ドイツ30年戦争（宗教戦争）でフランスの宰相リシュリュー枢機卿は、ドイツを分裂させておくためにプロテスタント諸侯を支援し、休戦条約であるウェストファリア条約では、スイス、オランダの独立が認められ、帝国内の各領邦が独立国家とされ、神聖ローマ帝国は有名無実化した（1648年）。

ハプスブルク家のマリア・テレジアと皇妃エリザベート

カール6世には男子がなく、近い範囲でも男系継承者がいなかった。そこで、国事詔書（※）を出して、娘マリア・テレジアへの一括相続を狙ったが（1713年）、オーストリア継承戦争が起き、フランス王の臣下だが準独立諸侯だったロレーヌ（ロートリンゲン）家のフランツが、マリア・テレジアと結婚して、神聖ローマ帝国の皇帝フランツ1世となって妥協が成立した。

マリア・テレジアを「女帝」と呼ぶ人がいるが、英語のエンプレスやクイーンはそれぞれ、

※プラグマティッシェ・ザンクツィオン

女帝、女王と皇妃、王妃の両方の意味があるので紛らわしいが、マリア・テレジアは皇帝フランツ1世の妃であっても女帝ではない。

一方、オーストリア女大公、ハンガリー女王、ボヘミア女王、ブルゴーニュ女公、ミラノ女公、パルマ女公はマリア・テレジア自身の称号となって、ハンガリー女王としての戴冠式などでは、夫は一般人扱いだった。

夫のフランツはロレーヌをフランス王に譲り、そのかわりにメディチ家に代わってトスカナ大公を兼ね、家名としてはハプスブルク・ロートリンゲン家となった。

ナポレオン戦争のあとメッテルニヒはウィーン会議を主催し、ヨーロッパからナポレオンの遺産をかなり排除し、革命以前に近い状態に戻したが、神聖ローマ帝国の復活はなく、ハプスブルク家は、35君主国4自由市で構成されるドイツ連邦の選挙によらない議長であることに留まった。

ハプスブルク家は、ベルギーやポーランドを放棄する一方、ベネチア（ナポレオン戦争以前は独立国）とロンバルディアを獲得したが、ドイツ再統一への主導権はプロイセンに移った。

中欧化したオーストリアは、ハンガリー人の要求で、1867年に概ね神聖ローマ帝国の範囲内を領域とするオーストリアと、域外を領土とするハンガリーの「二重帝国」（帝国議会において代表される諸王国および諸邦ならびに神聖なるハンガリーのイシュトバーン王冠の諸邦）となった。これは、スラブ人にとっては差別的扱いだった。

実質上、最後の皇帝だったフランツ・ヨーゼフ1世（在位1848〜1916）の妃でバイエルン出身のエリザベードは、宝塚歌劇の人気演目『エリザベート』で知られる。宮廷を避けてセレブ旅行を繰り返し、ジュネーブで暗殺された。ウィンナーワルツ、ザッハトルテ、クリムトの絵画はこの時代の思い出だ。

エリザベートの子で皇太子のルドルフは映画「うたたかの恋」で知られる情死事件で亡くなり、孫のフランツ・フェルディナントはボヘミアの伯爵家令嬢のゾフィー・ホテクと結婚したが身分違いの貴賤結婚だったので、皇太子妃としては扱われなかった。

皇太子は、領土拡大を狙うセルビアの青年にサラエボ（ボスニア・ヘルツェゴビナの首都）で暗殺され、これが契機で起きた第一次世界大戦中にフランツ・ヨーゼフ1世は亡くなり、カール1世が即位したが革命が起きてオーストリア＝ハンガリー帝国は崩壊した。

カール1世の長男で2011年に98歳で亡くなったオットーは、ドイツ選出の欧州議会議員として活躍し、一時はハンガリー国王にという声もあった。息子のカールはオーストリア選出の欧州議会議員だったが、金銭スキャンダルで失脚。孫のフェルディナントはレーシングドライバーである。また、分家がベルギー王女と結婚して王室の一員として扱われている。

ポツダムに愛犬とともに眠るプロイセンのフリードリヒ大王

プロイセンのホーエンツォレルン家は、もとから首都ベルリン周辺のブランデンブルク地方の領主だったのではない。シュッットガルト南方のツォレルン伯爵として歴史に現れ、12世紀にニュルンベルク城伯、15世紀にブランデンブルク選帝侯（皇帝の選挙権を持つ諸侯）となった。16世紀には、バルト海沿岸のケーニヒスブルク（現在のロシア領カリーニングラード）でポーランド王を宗主とするプロイセン（現地語ではプロシャ）公国の君主となり、ポーランドから独立させ、1701年にフリードリヒ1世が「プロイセンの王」を名乗った。

フリードリッヒ・ウィルヘルムはケチで、細かく、軍隊を強くすることしか興味がなかったが、子のフリードリヒ2世（大王）は、フランス文化を好み、フルートの名手でバッハやモーツァルトも招いた。典型的な啓蒙君主として、哲学者ボルテールを呼び寄せ学問の振興、宗教寛容化、貧民の救済、裁判公正化、拷問の廃止などもした。

だが、外交政策では利己的で、オーストリア継承戦争をしかけ、ポーランドを分割し、ブランデンブルク領とプロイセン領を隔てていた回廊地域を奪い取った。さらに、ナポレオン戦争後のウィーン体制でプロイセンはルール地方にまで領地を広げた。

ナポレオンは、フランス主導で欧州統合を狙い、ドイツ諸邦を整理統合して、ライン左岸はフランスに併合する一方、バイエルンやビュルテンブルクを王国とし、娘婿にナポレオンの弟や、ジョゼフィーヌと先夫の子を送り、ライン川右岸の領邦はライン連邦を結成して加入させていた。だが、ナポレオンが群小諸侯を整理してくれたことの果実は、プロイセンによるドイツ統一に貢献することになったのである。

19世紀のウィルヘルム1世はビスマルクを宰相とし、オーストリアをドイツから追い出し、普仏戦争でフランスからエルザス・ロートリンゲン（フランス語ではアルザス・ロートリンゲン）を獲得して、建国宣言は、普仏戦争の最中にベルサイユ宮殿鏡の間で行われた。遠征先で王に推戴されることはゲルマン民族の古い伝統を復活させた演出だった。

フリードリヒ3世は、ビクトリア女王の長女ビクトリア王女（愛称ビッキー）と結婚した。フリードリヒ3世は、才気煥発な妻に感化され自由主義的だったが、即位後、99日で死んだ。子のウィルヘルム2世は、難産で肩を脱臼した障害をかかえていた。英国出身の母親は息子ウィルヘルムに冷たかったので、その反動でゲルマン的英雄を気取り、コスプレ大好きで誇大妄想の国王だった。

英国と対抗する世界帝国をめざして中東のイスラム教徒と結んだり、英仏が見向きもしなかったアフリカや太平洋の資源のない土地に領土を広げたり支離滅裂な冒険外交を独断で繰り広げ、第一次世界大戦を引き起こして自滅した。戦後はヒトラーから多額の年金を提供されオランダに住んだ。現在は、玄孫のゲオルク・フリードリヒが当主であり、君主制を擁護しているが積極的な帝政復帰のための活動はしていない。

ロシア帝国の歴史とウクライナ紛争

ウクライナ紛争でロシアとウクライナの歴史について関心が高まっている。なにしろ、ロシア史はキエフ（ウクライナ語ではキーウだが、ロシア史の用語としてはキエフというべきだ）大公国から始まるからだ。

バイキングのリューリクがバルト海から少し内陸に入った交易都市ノブドゴロのスラブ人たちに望まれて指導者となったのがロシアのルーツである。彼らは河川伝いの交易路を通ってキエフに移り、リューリクの曾孫ウラディーミルがキリスト教に改宗し、東ローマ皇帝バレイオス2世の妹アンナと結婚してキエフ大公国となった（９８８年）。

しかし、分割相続で群雄割拠になったところへモンゴル人が襲来し、ボルガ川河口にキプチャク汗国（ジュチ・ウルス）を建国して支配地域を広げ、ロシアの中心部は貢納を条件に間接支配された（１２４０年）。

一方、バルト海からカトリックのドイツ騎士団が十字軍を編成して攻めてきたが、ウラディーミルから8世代目の子孫アレクサンドル・ネフスキーがモンゴルの助けで撃退した。その子が1263年に建てたのがモスクワ公国で、14世紀には大公国となった。

東ローマ帝国のコンスタンティノープル陥落から間もないころ、イワン3世が最後の皇帝コンスタンティノス11世の姪を妃に迎え、「ツァーリにして専制君主」と称し、キプチャク汗国からの独立を宣言し（1480年）、孫でタタール人有力者の血も引くイワン4世（雷帝）はキプチャク汗国が分裂してできたカザン汗国（1552年）、アストラハン汗国（56年）を併合した。

ニコライ2世まで続くロシア皇帝の流れ

ロシア正教の教皇ともいえるキエフ総主教も、ウラディーミル（1299年）を経てモスクワに移転した（1321年。1461年になってモスクワ総主教に改称）。

ムソルグスキーの歌劇「ボリス・ゴドノフ」で描かれるように、16世紀の後半にはポーランドに攻め込まれたが撃退し、イワン雷帝の妃の兄の孫にあたるミハイルがロマノフ王朝を創始した。つまり、リューリク、ウラディーミル1世、アレクサンドル・ネフスキーの系統から姻戚のロマノフ朝に移ったのが唯一の王統交代である。

このロシアは海への玄関口を持たなかったが、まず1584年にイワン雷帝が北の白海にアルハンゲリスクが開港して英国と夏の間だけの航路が開かれたのは紹介した。ついでは、

１６４９年にオホーツク海にオホーツクの砦が建造された。

そして、ロシアの近代化を進めたピョートル大帝がバルト海に進出しサンクトペテルブルクに遷都したのが１７１３年、女帝エカテリーナ２世がクリミア汗国を滅ばして黒海沿岸からイスラム教徒を追い出したのが１７８３年である。

キエフ（現在のキーウ）周辺はキプチャク汗国の衰退に乗じてポーランドが支配していたが、ギリシャ正教徒の一部は、テュルク系のコサック（東洋史で言えば馬賊）に合流し、ポーランド、ついでロシアの下での自治を認められたが（ヘーチマン国家ともいってウクライナの原点ともいわれる）、エカテリーナ２世（ピョートル３世の妃だったが夫に代わって皇帝になった）のときにロシアに完全併合された。

ロシアでは、ピョートル３世とエカテリーナの子であるパーベルの男系の子孫がツァーを称し、革命時に殺された玄孫のニコライ２世に至るまで続いた。イギリスなどの王室と縁組みを繰り返しているが、チャールズ国王の父であるフィリップ殿下からみると、ニコライ１世の母でデンマーク王女のマリアは父方の、皇帝の妃でヘッセン大公女のアレキサンドラ（ビクトリア女王の孫）は母方のいずれも大叔母に当たる。

ドラマ「ザ・クラウン」では、自分の濃い親戚（系図１参照）であるニコライ２世一家を英王室が革命政権に遠慮して見捨てたとエリザベス女王をなじるエピソードが描かれていた。

ロマノフ家はニコライ2世の叔父ウラジーミルの曾孫のマリアとその子のゲオルギー（父はプロイセン王家出身）が継承者を主張しているが、反対勢力もある。

現在のウクライナは、ロシア革命後に、かつてのヘーチマン国家の領域とロシアがイスラム勢力から獲得したノボロシアとを併合して成立し、戦後にポーランドの一部とクリミア半島を獲得して成立した新しい枠組みである。

冊封体制という言葉は戦後日本の造語

古代中国の殷《いん》や周の君主は王を名乗っていたが、春秋戦国時代の戦乱で諸侯たちも王を名乗るようになったので、221年に中国を統一した秦王は、伝説上の三皇五帝にちなんで始皇帝を名乗り、それ以来、皇帝が中国の支配者の称号となっている。

東洋では、「中国の皇帝が優越して王侯たちの頂点に立っていた」という都市伝説がある。古代の日本も中国に朝貢し冊封されるなど上下関係だったという人たちも多い。

とくに、戦後、東京大学教授の西嶋定生が、「中国の皇帝が周辺諸国の首長を冊封して、これに王・侯の爵位を授け、その国を外藩国として統属させる体制を私は冊封体制と呼んでいる」「この冊封体制を基軸として、周辺諸国と中国との政治的・文化的関係が形成され、そこに東アジア世界が出現する」とし、歴史教科書でも採用されている。

一方、そのルールの存在は認めつつ、日本だけは別だったと言う人も多い。小野妹子《おののいもこ》が「日出づる処の天子、書を日没する処の天子に致す。恙無《つつがな》きや」と隋の煬帝《ようだい》に言い放ったように、天皇は皇帝と対等の立場だったという話だ。

しかし、この冊封体制という言葉は、西嶋氏の造語で中国には存在しないし、冊封という言葉すら中国や韓国の歴史教科書にほとんど登場せず、この論争は意味がない。中国の皇帝と他の東アジア諸国の王たちの間に普遍的な秩序として、上下関係があったという前提がそもそも正しくないのである。

たしかに、中国皇帝と朝鮮国王については、明確な上下関係が長く継続的にあった。7世紀に、新羅は日本・百済・高句麗との対立の中で、唐の保護下に自ら入り、人名も中国風にし、暦や服制も唐に倣うなど全面的に従属的な関係になり、高麗や李氏朝鮮もそれを継承したのだが、他に中国と同じような関係が長く続いた国はない。

清朝の下で冊封を受けていたのは、朝鮮と琉球とベトナムだったが、琉球は島津氏の支配下にあったし、ベトナムは周辺諸国に対して従属的な関係を要求し皇帝を名乗ったりしていて朝鮮王国ほど強い従属性はなかった。

大和朝廷が中国との交流を始めた5世紀頃の東アジアでは、中国は南北朝時代だった。百済は漢の流れをくむ南朝と、高句麗は鮮卑族が支配する北朝と関係が深かったが、百済も北朝に、高句麗も南朝にも並行して朝貢していたから二股だったし、日本も南朝に朝貢して新羅や任那を勢力圏として認められたが、全面的に従属していたわけでない。

10世紀からは、契丹《きったん》（モンゴル系に近い）や金（女真族）は、宋より優位にあったし、チンギスハン以降のモンゴル人は中国を自分たちの領土とみなした。

満漢蒙回蔵の連合王国としての清朝

14世紀には、明が万里の長城の南側を奪還したが、元朝はモンゴル高原に帰ってそのまま存続した。新疆やウイグルも彼らの勢力圏に留まったし、チベットとはモンゴルのハーンとチベットのダライラマが対等だという関係ができた。

16世紀には、豊臣秀吉の朝鮮出兵で明軍が南下して手薄となった満州からヌルハチの後金が勃興した。ヌルハチの子のホンタイジがモンゴルのハーンがもっていた元皇帝の玉爾を1636年に手に入れて、満漢蒙の三民族を束ねた清朝を建国した。

玉爾を皇帝権力のシンボルにするのは始皇帝の発案で、唐の滅亡時に失われて作り直された。元朝は滅亡の時に大元皇帝の玉璽「制誥《せいこう》之宝」をもってモンゴル高原に引き上げ、明の皇帝はこれを手に入れようとなんども遠征したが徒労に終わっていた。

それを、モンゴルのリンダン・ハーンが死んだあと、皇后がホンタイジに差し出した。清朝は明が農民反乱で滅びたあとの北京へ入って明の旧領を併合した。さらに、18世紀の乾隆帝の時代までには、ウイグル人の新疆やチベットを征服して、「回と蔵」を加えた五族協和の帝国となり、これら民族の支配階級も清朝で特権的な立場を与えられた。

清の支配層は質実剛健で、康熙帝《こうきてい》・雍正帝《ようせいてい》・乾隆帝《けんりゅうてい》という3人の賢帝が140年にわたり統治したことで、経済は発展し人口も増え、同時代に徳川幕府の下での日本が低迷し飢饉を繰り返していたのと対照的だった。清朝が衰退するのは、アヘン戦争のあと銀が流出し経済が崩壊したためだ。

20世紀になって、孫文ら漢民族は満族を追い出そうとしたが、清朝の漢族の総理大臣だった袁世凱《えんせいがい》が、中華民国の大総統となる条件で、清朝の領土をそのまま新中国の領土として継承する離れ業をした。

映画「ラストエンペラー」は、袁世凱とその後継者の時代に、宣統帝溥儀《せんとうていふぎ》が引き続き紫禁城に住んで陛下と呼ばれ、英国人の家庭教師の教育を受けていた時代を中心として描いた物語である。

このことで、満蒙回蔵の人々は中国の少数民族として支配されるようになった。そこで、満族の一部は日本と組んで独立を求めて満州国を建国したが失敗し、モンゴルはソ連の後押しで独立したが、外蒙古のみで、人口の過半は中国の少数民族である。

チベット族の宗教指導者ダライラマは中国の支配から脱しようとしたが失敗してインドに亡命中。ウイグルもソ連と連動して独立を図ったが中国で共産党政府が成立したので裏切られ、いま強引な同化政策が問題になっている。

現在の中国は56民族の国だというが、満漢蒙回蔵を統治しやすいように細分化したものだ。ウイグルやチベットを中国が「侵略」したのかというと、法的には、満漢蒙連合帝国が回と蔵を併合したのを、中華人民共和国が継承しているので、「国際法上は問題ない」が、「民族自決原則からみると不自然な状態」と言うのがバランスが取れた見方だ。

1860年代には、近代的な国際法の下で清国と周辺国の関係をどう律するか問題になった。日本は清国に対等の外交関係を提案し、清国も外交史を検証し、古代から日本は中国に従属していたわけでないと認め、欧米諸国と同じ扱いとした（日清修好条規）。

朝鮮は、国際法の下では独立国だという日本と、特殊な従属関係にあるとする清国が対立したが、日清戦争で完全独立が確認され大韓帝国となった。琉球は日本に完全併合され、清国との外交は解消され、ベトナムはフランスの支配下に入って同様となった。

英女王の祝典で最上席はルーマニア元国王

ヨーロッパでは、普仏戦争（1871年）でドイツ帝国が成立し、フランスはナポレオン３世の第二帝政から第三共和国になった。その後、1910年にポルトガルが共和制になり、第一次世界大戦では、ドイツ帝国とオーストリア・ハンガリー二重帝国、ロシア帝国が解体し、モンテネグロがユーゴスラビアに吸収された。第二次世界大戦では、イタリアのほか、ユーゴスラビア、ブルガリア、ルーマニアで社会主義政権が成立して王制は廃止になった。その後、ギリシャでも王制が廃止されている。

ドイツではナポレオン戦争前には約60か国があったが、戦後のウィーン体制（1815年）では36国まで減り、ビスマルクによるドイツ統一時（1871年）には４王国、６大公国、５公国、７侯国、３自由都市と帝国直轄領のエルザス・ロートリンゲン（アルザス・ロレーヌ）となった。

プロイセン、バイエルン、ビュルテンベルク、ザクセンの君主は国王を名乗った。ドイツ統一直前の普墺戦争の前は、英国王家の分家に当たるハノーバーも王国だったが、普墺戦争でオーストリアについたのでプロイセンに併合された。ただし、遠縁のブラウンシュヴァイク公の地位を継承し、当主のエルンスト・アウグスト・フォン・ハノーバーは、モナコのカロリーヌ王女の現在の夫である。

２度の世界大戦の荒波を乗り越えたのに、追放されてしまったのがギリシャ王家である。最後の国王コンスタンティヌス２世は、スペイン国王の母親の兄で、ローマ五輪のヨット競技で金メダルをとった。政治的には稚拙で、左翼政権とも軍事政権とも対立して1967年に国外に脱出、1974年に国民投票により廃止が確認された。ちなみに英国のエリザベス女王の夫フィリップ殿下もギリシャ王家出身だった。

第二次世界大戦ののち、廃止されたのが、ルーマニア、ブルガリア、イタリア、ユーゴスラビアの王家である。1927年即位のルーマニアのミハイ元国王がエリザベス女王即位60周年（2012年）のお祝いで、天皇陛下などを差し置いて、序列第１位だったのはすでに紹介した。プロイセン王家と同族であるホーエンツォレルン＝ジグマリンゲン家の出身。政府からも丁重に扱われ、2017年に亡くなった。

ブルガリア王家は、英国やベルギーの王室と同じザクセン＝コーブルク＝ゴータ家である。最後の王だったシメオン２世が、2001年に首相となって話題となった。

column

イタリア王家はなぜサルジニア王だった

フランク王国が843年のベルダン条約で分裂したとき、長兄である皇帝ロタール1世が、宮廷のあるアーヘンを含むオランダからスイスに至る仏独中間地帯と、最も豊かなイタリアを併せた中フランク王国を創立した。だが、やがて、イタリア王国と仏独中間地帯に分割され、後者はメルセン条約（870年）で東西フランク王国に山分けされた。

また、イタリアも相続が安定せず、神聖ローマ帝国に吸収されて、イタリア国家の再生は、19世紀を待たなくてはならなかった。

イタリア王のサボイア家は、フランスの大貴族でアルプス山中からトリノに進出した。サルジニア王の称号を獲得し、19世紀の国民主義の高揚の中でイタリア統一で国王に担がれたが、ファシスト政権に甘かったので国民投票で王制廃止になった。また、イタリア統一前には、ナポリ王国、パルマ公国はスペイン・ブルボン家、トスカナ大公国とモデナ・レッジョ公国はハプスブルク家が君主だった。

ポルトガル王家は、カスティリア王妃の弟でフランス・ブルゴーニュ公家（百年戦争時の同盟の家とは別系統）のエンリケが始祖で、女系や庶子を交えつつ継承された。最後の王朝は父系では、英国のウィンザー家と同族（ザクセン・コーブルク・ゴータ家）のブラガンサ＝コブルゴ家。

ナポレオン戦争のときには宮廷をブラジルに移転した。戦後にブラジルは独立してブラジル帝国になった。皇帝ペドロ2世は、奴隷制を廃止するなど自由主義的な君主としていまも敬愛されるが、1889年軍部のクーデターによって廃位され、ブラジルは共和制となった。

1908年にリスボン市内の銃撃でカルルシュ1世と皇太子が死亡した。皇太子のルイス・フィリペ（ブラガンサ公）が父より20分ほど長く生きたので、ギネス・ブックに最短の在位期間の君主として載っている。弟のマヌエル2世が継いだが2年後には退位しイギリスに亡命した。

ユーゴスラビア王国は、セルビア王を国王として第一次世界大戦後に成立し、第二次世界大戦ではロンドンに亡命したが、パルチザンだったチトーが政権をとったので復帰はできなかった。独立運動の指導者で豚商人が力を持って、そのなかのジョルジェ・ペトロヴィッチ（通称カラジョルジョ）が王家の先祖である。

モンテネグロ王家は、第一次世界大戦でオーストリア・ハンガリー帝国に占領され亡命したが、戦後はユーゴスラビアに併合された。

シバの女王とソロモンの子孫と言われたエチオピアの皇帝

ヨーロッパ以外で20世紀になって消滅した主な王国を列挙すると以下のようになる（非常に短期だったり、共同君主だったり、列国の承認がえられなかったものを除く）。

まず、イスラム系では、オスマン帝国（1923年）、エジプト（1953年）、チュニジア（1957年）、イラク（1958年）、イエメン（1962年）、ザンジバル（1964年）、モルディブ（1968年）、リビア（1969年）、アフガニスタン（1973年）、イラン帝国（1979年）。

それ以外については、アフリカでは、ブルンジ（1966年）、エチオピア帝国（1975年）、中央アフリカ帝国（1979年）。

エチオピアの皇帝は、コプト教系のクリスチャンで、旧約聖書にあるソロモン王とシバの女王との出会いから生まれたメネリク１世の子孫と称する。最後の皇帝ハイレ・セラシエ（1930年即位）は、明治天皇を尊敬する親日家であり、アフリカのリーダーとして活躍したが、社会主義革命で倒された。

中央アフリカのボカサは1977年に皇帝を名乗ったが、わずか２年ほどで追放され、帝政も廃止された。

東アジアでは、大韓帝国（1910年）、大清帝国（1912年）、ベトナム（1955年）、ラオス（1961年）、シッキム王国（インドの保護国。1975年）、ネパール（2008年）など。

ベトナム国（越南国）は、清に朝貢を行う一方、国内や周辺諸国には皇帝を称して、独自の年号を使用した。フランスの保護下に置かれていたが、バオ・ダイを日本軍がベトナム帝国の皇帝とし、戦後はフランスが国家元首とした。ラオスも戦時中に日本軍が独立させ、戦後にフランスも独立を認めたが、ベトナム戦争のときに王制廃止。また、日本軍は清の最後の皇帝溥儀を満州国皇帝に担ぎ出したが、国際的な正式承認は三分の一程度の国からに留まった。

中国歴代王朝と女帝・宦官・禅譲

女帝は中国四千年で一人だけである。唐の高宗の皇后だった即天武后である。病身だった高宗にかわり実権を握り、自分の子である中宗、ついで睿宗を皇帝にしたが、やがて、自らが女帝となって国号も一時期だが周と変えた（690年）。

column

半世紀に渡り統治し、女性蔑視の儒者からは酷評されたが、科挙合格者から有能な人物を登用し中国史上の名君の一人だ。文化大革命時に江青夫人が再評価し、いまも肯定的な評価が多い。

中国では皇帝一族の争いが厳しかったので、皇后の一族が栄達した。皇帝あっての彼らの地位なので、忠誠心が期待できたからだ。だが、皇帝が死んでも母后の一族として力をもったが、新皇后の一族と争うのが常だった。そこで、北魏では皇太子として擁立された皇子の母親は殺してしまう習慣だったほどである。

それに対抗したのが、宦官である。子供がいないので蓄財をしないとみられた。だが、一時しのぎの政策進言に流れがちだった。

即位儀礼は割に地味で、紫禁城の太和殿の玉座に皇帝が着くと文武官は整列しており、慶賀の表を上すが読み上げずに終わった。

封禅は、古代の帝王が行なった報天祭儀で、道教の聖地である山東省の泰山の上に土壇をしつらえて天を祀った。秦の始皇帝が紀元前219年にしたのがよく知られている。

中国での頻繁な王朝が交代を支えるのが易姓革命の思想と禅譲のシステムだ。「禅譲」は、幼帝を擁立したうえで、全国から吉兆の報告などが演出され、皇帝から譲位が提案されるがいったん断り、周囲の強い勧めでしぶしぶ受ける。新しい国名が決められ前皇帝は王を名乗る。漢から三国時代の魏への政権移行だった。前皇帝は、ほどなくして殺されてしまうことが多かった。

中国では帝位継承が長男優先でもなく、王族の間での争いも激しかったので、後継者の決め方には苦労した。そこで、清朝の雍正帝は、「太子密建法」を考案した。皇帝が意中の名を紫禁城の乾清宮にある扁額の後ろに置き、崩御ののちに開封する仕組みで、跡目争いを防ぎ、愚昧な天子の出現を避けられた。

朝鮮国王から大韓皇帝になったが

朝鮮半島では、7世紀から8世紀にかけて、新羅が平壌以南を支配下に置いて、統一国家が成立したとされていた。しかし、19世紀に民族意識が高揚すると民間伝承に登場する4000年前に平壌付近にあった壇君という王者に起源を求めたり、8～10世紀に栄えた渤海も朝鮮民族の国家としたりしている。

そのあたりの経緯については、「日本人のための日中韓興亡史」(さくら舎)という拙著で詳しく書いた。

元が衰退すると高麗は領土拡張を図ったが、明に敵対するのに反対する李成桂（太祖）は、李氏朝鮮を建国した（1368年）。李氏朝鮮は、儒教を基礎とし、変化のない社会を理想とし、明や清の庇護の元で隠者の国と言われた。韓流ドラマでおなじみのように宮廷での争いは熾烈だったし、経済も文化も低迷したが、体制そのものは安定して、5世紀半貧しいながらも平和が保たれた。

徳川家康は、李氏朝鮮から朱子学を採り入れ、天下太平を実現したから、じり貧でもいいなら一種の平和思想だ。

日本の幕末と同じころ、高宗（在位：1863年～1897年。そののち、1907年まで大韓帝国初代皇帝）の下で、実父の大院君と王妃の閔妃が外国勢力を引き込んで争い、しかも、頻繁に手を結ぶ相手を変えた。

明治新政府は、国際法に基づく対等の国交を結ぼうと勅書を出したが、中国の皇帝でないのに「皇」とか「勅」という字を使った文書は受け取れないとして紛争になり、日本軍が派遣され江華島条約を結ばされて開国することになった。

日清戦争の下関条約で朝鮮の独立が確認されると、朝鮮王国は大韓帝国になったが、ロシアとの連携を試み、それが日露戦争の原因になった。

日韓併合ののち、李王家一族は、皇族に準じた扱いを受け、皇太子に当たる李垠殿下は、梨本宮方子と結婚した。李垠の死後は、その子の李玖が嗣いだが、子がいないまま2005年に東京の赤坂プリンスホテル（戦前は李王家の屋敷だった）で死去。その後継をめぐって親族のあいだで争いがある。

初代の琉球国王は源為朝の子だという伝説の意味

琉球の正史『中山世鑑』が源為朝が領主の妹と結婚し、生まれた子が琉球王家の始祖舜天王としているのは、南九州からの移住者が増えて農業が盛んになり、クニができ始めた記憶に基づいている。

中国で明が成立すると、中山、南山、北山の3国鼎立時代の沖縄にも入貢を勧める使いが来て、冊封と朝貢が始まった。国王が死ぬと使節が来て、前国王の葬儀が崇福寺で行われ、首里城の正殿前庭で、「汝○○を琉球国中山王に封ず」という詔書を受けた。

琉球王尚永の時、「琉球はよく進貢のつとめを果たしており『守礼之邦（忠実な心がけの良い国）』と称するにたる」という神宗（万歴帝）の勅諭を伝えた。尚永王は「守礼之邦」という扁額をつくらせ城門に掲げさせ（一五七九年）、使節が来たときはここで国王が三跪九叩頭して迎えたが、これが「守

column

礼門」である。

　朝鮮王国でも、同様の施設があって報恩門といったが、下関条約で冊封関係を解消したのち取り壊して独立門が建てられている。

　日本との関係は組織だっていなかったが、室町幕府は仮名書きの文書で内国扱いとして交流し、島津氏は交易を独占しようとしていた。豊臣秀吉は征明にあたり、軍役を課したが、琉球王国はこれを島津氏に肩代わりさせてしのぎ、踏み倒した。

　島津氏は、幕府の許可を得て派兵し、国王尚寧は江戸に連行され、島津氏は奄美群島を領国に編入し、首里には役人を常駐させて保護下に置いたが、明との朝貢貿易は実利があるので続けさせた。

　黒船が来航すると、島津氏は琉球王国に独自に条約を結ばせたが、植民地化の危険があったので、新政府は琉球藩として内国化し、清との交流を差し止め、1879年に沖縄県を設置した。

　琉球国王の尚家は東京に移住し侯爵となったが、これは30万石以上の大名並みだったので、優遇されたともいえる。

　現在の当主は、最後の琉球国王尚泰の孫で、1950年生まれの尚衛。日本からの独自性を強調することに批判的な言論活動をしている。

　首里城は、戦災で焼け、復帰後に政府によって復元されたが、失火で焼失、再建中である。ただ、復元というより過度にエキゾティックで華美な意匠になっていることには批判もある。

第6章

世界から日本の皇室が尊敬される理由

天皇《テンノウ》という呼び名の定着は明治になってから

皇室の先祖は、スメラミコト、スメラギ、オオキミなどと呼ばれていたが、国内では文字による政治が行われていなかったので漢字で表記する必要がなかった。また、スメラミコト、スメラギとかの語源も諸説あるものの仮説の域を出ない。

国号も、自称はヤマトであり、倭、大倭、大養和などと書いても日本人の読み方としてはヤマトだった。平安時代に「二字好字」にするようにという統一方針で書き換えて奈良県は「大和」になったが、漢字でどう書こうが読み方はヤマトだ。

つまり、7世紀までの日本では、ヤマト言葉を漢字でどう表記するか関心がなくすべて当て字だった。それが律令制になって、天皇とか日本とかいう表記が確立した。奈良時代の養老律令では、祭祀では「天子」、外交では「皇帝」に対し、詔書では「天皇」だと書かれているが、「テンノウ」と読まれていたわけではない。

中世には、帝（みかど）、禁裏（きんり）、内裏（だいり）、禁中（きんちゅう）、御所（ごしょ）、主上（おかみ・しゅじょう）、聖上（おかみ）、当今（とうぎん）、畏き辺り（かしこきあたり）、上御一人（かみごいちにん）などと呼ばれ、「テンノウ」とはいわれなかったし、退位されたり亡くなったりすると、○○院と呼ばれた。

天皇陛下は公文書に署名されるときは、「徳仁」と書かれるし、海外ではエンペラー・ナルヒトと呼ばれる。

『日本書紀』に書いてある系図と業績は史実である

日本の正史である『日本書紀』について、戦後の歴史家は、紀元前660年に神武《じんむ》天皇が奈良県の畝傍《うねび》山の麓で建国したなど荒唐無稽であるから、史書として参考にならないといいがちだ。

たしかに、初代の神武天皇から第13代の成務《せいむ》天皇までは、親子継承であるにもかかわらず、平均在位が65年余りであるからいかにも不自然である。だが、5世紀に中国南朝に使節を派遣した「倭の五王」からあとは、『日本書紀』と中国の史書とに齟齬《そご》がない。そこから逆算して、それ以前の天皇の寿命を、常識的な長さに調整すると、仲哀天皇と神功皇后による日本統一と朝鮮半島進出が4世紀前半、崇神《すじん》天皇による大和統一が3世紀半ばすぎ、それより9世代前の神武天皇は、紀元前後だ。

しかも、『日本書紀』には、神武天皇が日向から大軍を率いて大和を攻略して大和の王者になったとは書いてない。一緒に日向を出たのは、少人数のようだし、大和で手に入れた領地は、いまの橿原《かしはら》市と御所市一帯のごく狭い地域である。

だとすれば、大和を統一して出雲や吉備あたりまで勢力圏に入れた崇神天皇の200年余り前の遠い先祖で、大和に初めて進出した人が日向出身だったと崇神天皇たちは伝承を受け継いでいたという、いかにもありそうな話である。

『日本書紀』のうち、神話部分は横に置いて、神武天皇以降の歴史部分は、長すぎる寿命を調整すれば、系図も各天皇の業績も史書として不自然なことは何もないから、千数百年前から皇室が受け継いできた言い伝えとして教育の場でも教えるべきだと思う。

日本を除き最古の王室の一つである英王室が1000年ほどの歴史であるのと比較して、倍以上、しかも、日本国家といえるものが成立してから独立と統一をいちども失わず、同じ家系が継続しているというのは、素直に貴重な財産なのである。

オバマ大統領も来日の際の宮中晩餐会で、「私は第44代アメリカ合衆国大統領ですが、陛下は日本の125代目の天皇陛下です。日本の皇室は2000年以上の長きにわたり、日本人の精神を体現してきました」とごく自然に述べている。

ここでは、天皇家の祖先の伝説としての日本神話と正史として伝えられてきた古代史を大陸の史書や考古学的知見と矛盾がないように構成して簡単に紹介してみたい。

神武天皇とのちに呼ばれるイワレヒコは、天孫降臨《てんそんこうりん》で高千穂峰に降ったニニギの曾孫であると称していた。アマテラス（天照大神）やスサノオ（建素戔嗚尊速）の父母であるイザナギ・イザナミは、淡路島を最初に本州など八つの島を生んで大八洲を完成した。

ところが、スサノオが高天原で乱暴を働いたので、アマテラスは天岩戸に隠れてしまった。世の中は闇になったが、八百万の神々はアマテラスを岩戸から出す事に成功し、スサノオは高天原から追放され地上を治めた。

アマテラスは孫のニニギノミコト（瓊々杵尊）に地上を治めさせようと、スサノオの子孫で出雲にあった大国主命と交渉をして出雲大社で神として祀る条件で国を譲ってもらい、ニニギノミコトが霧島の高千穂峰へ天孫降臨した。

ニニギのひ孫のイワレヒコは、45歳のとき「東に美しい土地があると聞く。青い山に囲まれ、天からニギハヤヒ（饒速日）が先に下っている。天下を治めるにふさわしい土地だ」という噂を聞いて東へ向ったというが、これが華々しい「神武東征伝説」として語られ出したのは、南北朝時代の「神皇正統記」あたりからで、中世に生まれた伝説なのである。

大和朝廷が九州に現れたのは卑弥呼の死から百年後

一行は、吉備など各地にしばらくいて、傭兵稼業などをしながら力を蓄えて大和入りしたのではないか。そうして橿原を中心に自分のクニを建て、近隣の有力者の娘を皇后にした。

神武天皇の亡くなったあと、跡を継いだのは、この皇后との子で、日向から一緒に来た長男は殺された。こののち、一族は、大和の有力者と縁組みをして勢力を広げた。

10代目の崇神天皇は、大和の中心で宗教上のセンターだった三輪・纏向《まきむく》地域を押さえ、大和の統一に成功し、吉備、出雲、関東の一部まで進出したが、これをもって日本国家の原形が完成したということになる。極めて自然な流れだ。

その孫の景行《けいこう》天皇と曾孫のヤマトタケルは、さらに勢力を広げ、東北と北九州を除いて列島を統一した。西暦300年ごろだ。そして、仲哀《ちゅうあい》天皇と神功皇后は筑紫を勢力圏に入れ、天皇の急死後、皇太后は大陸にも出兵した。

応神《おうじん》天皇が成人した後も、神功皇太后が国を統治し、事実上、最初の女帝だったことが『日本書紀』には書かれている（これを史実でないと否定する根拠は皆無だ）。この時代から息子の応神天皇、孫の仁徳《にんとく》天皇以降の時代における半島での活動は、中韓の史書や「好太王《こうたいおう》碑《ひ》」と『日本書紀』との整合性も高い。

5世紀には、「倭の五王」といわれる天皇が中国南朝（漢や魏《ぎ》の継承王朝）と連携し、半島で北朝と結ぶ高句麗《こうくり》と戦おうと持ちかけた。雄略《ゆうりゃく》天皇とみられる倭王武の上表文（478年）は、具体的に倭王の立場からの歴史認識や外交的主張が同時代に記録された初めての資料として価値が高く、内容は『日本書紀』とも一致する。

それによれば、大和朝廷は東と西に力を伸ばし、さらに、半島に進出して、それぞれ数十か国を従えた。つまり、大和朝廷は国家としては畿内に起源を持つのである。それは九州国家がいかなる意味でも東遷した可能性はないことを証明する。

卑弥呼《ひみこ》の宗女（実子でない可能性が高い）である壱与《いよ》と崇神天皇が計算上は同世代とみられ、その時期の崇神天皇は、大和朝統一もまだで、その数十年以上あとで、畿内勢力は北九州に初登場したのだから、邪馬台国が北九州にあったのなら矛盾は何も生じない。

また中国南朝は雄略天皇の申し出を歓迎しつつも具体的行動を取らなかった。百済《くだら》は首都漢城を陥落させられ、領土を失ったので、雄略天皇は自分の勢力圏（いわゆる任那）のうち、忠清南道の熊津（公州）付近を百済王に下賜して再建させた。それ以降、対中国外交や大陸文化の輸入は百済経由で行った（南朝も強力だった宋が滅びて王朝交替が頻発する）。

また、雄略天皇は独裁者で親族を多く殺したので、男系の孫や甥などがおらず、伯父の履《り》中《ちゅう》天皇（仁徳天皇の子）の系統が継承したが武烈天皇で断絶した。そこで、応神天皇の子孫で十親等離れた継体《けいたい》天皇が迎えられた（近江出身だが母の実家の越前で育った）。

推古天皇の前にも女帝はいたかもしれない

継体天皇と、応神天皇の継承について、王朝交代説があるが、継体天皇が迎えられるとき、応神天皇の兄弟の子孫が第一候補だったが辞退したと『日本書紀』にあるので、仲哀天皇と応神天皇が別系統ではありえない。また、継体天皇には武勇伝も、優れた大王だったとも書かれていないので、新王朝の創始者だったはずがない。

古代にあっては、30歳以上で即位し、生前退位しないのが原則だった。しかし大化の改新で皇極天皇が退位し、文武《もんむ》天皇が16歳で即位したときから、年齢制限はなくなり、幼児でも天皇になり、早々に譲位して上皇として儀式など公務から解放されて実権は維持しつつ文化的な活動などを楽しむことが可能になった。

持統《じとう》・元明《げんめい》・元正《げんしょう》・孝謙《こうけん》（称徳《しょうとく》）など女帝は男帝より強力だったし、聖武天皇の皇后だった光明子も含め、唐の即天武后を意識したようだ。

その後は、年少の天皇も多かったので、母后や外祖父である摂政・関白、父親などである上皇が権力を競うことになった。また、摂関制や院政を支える非正規軍だった武士が台頭し、「武士の世」となり、鎌倉・室町・江戸幕府がもうひとつの政府となった。

ただ17世紀後半には、豊臣秀吉が関白となって、両者が一体化し近代国家に近づいたが、江戸幕府ができて時代は後戻りした。幕末における黒船来航で、天皇を元首とし、富国強兵が可能な政府の再生が求められ、それを復活させたのが、明治維新である。

近代皇室はヨーロッパの王室制度にも倣った

王政復古、廃藩置県、四民平等と徴兵制、憲法制定と国会開設は近代国家を目指すなら論理必然だった。王政復古で幕府とともに摂関制も廃止したことも大事だ。

近代皇室をつくった立役者は、公家の中で抜きん出た知恵者だった岩倉具視である。2年間に及ぶ岩倉使節団で、見聞を広め、大久保、木戸、伊藤らと信頼関係を築き、天皇親政を避けること、藩屏として華族制度をつくること、ヨーロッパの君主国にならった漸進主義で憲政を樹立すること、慎重な外交などで意見統一ができた。

岩倉に大きな影響を与えたのが、1879年に来日したユリシーズ・グラント米国前大統領だった。グラント前大統領は、明治天皇や岩倉に親身になって助言を与え、政党政治は不可避だが、いちど認めたら後戻りができないので、慎重に準備すべしと勧めた。また、英国に警戒するべきだともアドバイスした。

これが、2年後の明治14年の政変で役立った。大隈重信が福澤諭吉周辺が書いた急進的な憲法採択をめざして暗躍したが、政府から追放された事件の伏線だ。

このころの民権派の憲法案を英国式とかフランス式とかいうが、英国には成文憲法はなく、ビクトリア女王もかなり政治に介入していた。フランス憲法は王政復古派と共和制支持者の妥協の産物でつぎはぎだらけで、民権派の案は外国の学者らのユートピア的な発想に過ぎず現実性がなかった。

岩倉は伊藤をヨーロッパに憲法調査に派遣したが伊藤の帰国の前に死去した。伊藤は岩倉のブレーンで欧州の憲法をベルギーで研究した井上毅やアメリカ帰りの伊東巳代治らと憲法草案を作成したが、専制的なプロイセン式ではなく、当時のヨーロッパの君主国の常識に沿った穏健なもので、漸進的に民主化を進める意図が込められていた。

華族制度も岩倉がイニシアティブを取ってまとめた。公家・大名・維新の功労者のバランスを巧みにとり、公爵には当初は、五摂家と三条、岩倉、徳川宗家《そうけ》、島津、毛利家が充てられた。

しばしば神武創世の時代に戻すという言い方がされたが、実質的には欧州各国の常識に合わせられた。天皇の退位はなくなり終身となり、継承は男系男子でサリカ法典式で運用されることになった。皇后は西洋式に天皇とともに陛下と呼ばれることになった。

文明開化の皇后としての昭憲皇太后の功績

明治天皇は嘉永5年9月22日（1852年11月3日。太陰暦から太陽暦への移行期なので併記する）に、京都御苑の今出川御門から入ってすぐの生母中山慶子の実家で誕生された。

中山家は中級公家だが、慶子の父は尊王攘夷派の公家・中山忠能である。慶子の母である愛子は平戸藩主松浦静山の姫で江戸屋敷でなく平戸の生まれ。かつて英国などの商館があった町である。静山はエッセイ『甲子夜話』の作者で、心形刀流剣術の達人だった。慶子は父母どちらからも、やんちゃで身体壮健なDNAを引き継ぎ、自ら読み書きなどを教え、厳しくたいへん怖い母親だったと明治天皇は述懐しておられる。

明治天皇の幼名は祐宮《さちのみや》。慶応2年12月25日（1867年1月30日）に孝明天皇が崩御され、天皇となられた。慶応4年1月15日（1868年2月8日）に元服し、8月27日（10月12日）に京都御所にて即位の礼が行われた。大嘗祭は明治4年11月17日（1871年12月28日）に東京で行われた。

当時の人としては大柄で、乗馬や酒を好まれた。ただし、ストイックで生活は質素で、会議や儀式では身動ぎもせず沈黙を守り、カリスマ性に満ちていた。国民統合のシンボルとしてのイメージを保持され、調停者としても優れ、「大帝」の名にふさわしかった。

保守的な家庭教師だった元田永孚《もとだながざね》の影響を強く受け、伝統文化や倫理観がないがしろにされるのを憂慮して教育勅語を策定させたが、起草は欧米派の井上毅があたって世界の常識が尊重されたし、明治末年には西園寺公望文部大臣が時代に合わせて国際化と女性の役割を強調した改訂案をつくることも明治天皇が認められていたことを知らない人が多いのは残念だ

(天皇が崩御して改訂できなくなり悔いを残した)。

皇后は一条忠香《ただよし》の娘である美子で、明治元年に入内して女御の宣下を蒙り、即日皇后に立てられた。明治になって、生前退位がなくなったり、皇后ができたのは、復古でもあったが、西洋の制度に触発されたもので、皇后が陛下と呼ばれるのは明治からだ。

天皇より3歳上であるが、天皇が若年で践祚されたので、即戦力が好ましいという配慮もあった。美しく聡明で、父が良い教育を施していたから、王政復古の時代における理想的な人選だった。鳥羽伏見の戦いのときは、まだ婚約中だったが、砲弾の音が鳴り響く中、鎧で身を固め、板輿を八瀬童子《やせどうじ》に担がせて天皇のところに駆けつけた。

維新後には、奥向きの経費節減を直訴した西郷隆盛と木戸孝允を相手に、「政府の干渉は受けないが、自分の責任で実行する」とおっしゃり、女官36名を罷免するなど政府が驚くほどの大胆な改革を断行された。

明治天皇は、やんちゃな気質で気むずかしいところもあったのを、上手になだめ、細やかな気配りで補完された。女子教育に尽くされ、日本赤十字社に援助をされ、米国で赤十字国際会議が開かれたときには多大な寄付をされた。

文明開化にも前向きで、宮中の服装を洋装に改め、写真が嫌いだった明治天皇と違って、多くの肖像写真を残しておられる。御真影も、天皇はイタリア人画家キヨソネの描いた絵画を撮影して写真のように見せたものだったが、皇后は写真だった。

和歌も評価が高く、「みがかずば 玉も鏡も何かせむ まなびの道もかくこそありけむ」など有名だ。政治に干渉しないことを信条とされたことも好ましかった。ただ、お子さまは望みがたいという判断が早くからなされ、明治５年前後には側室が置かれた。

崩御されたとき、皇太后も死後は皇后と呼ばれるべきところを、宮内省の事務的なミスで昭憲皇太后と呼ばれているのが、大正天皇の貞明皇后や昭和天皇の香淳皇后と違う。

子供たちの妃探しに辣腕を振るった貞明皇后

大正天皇実母の柳原愛子は和歌の才能があった。兄が公家出身の伯爵・柳原前光で、その兄の庶子に歌人柳原白蓮（燦子）がいる。

大正天皇（１８７９－１９２６年）は、病弱で学習院には２年遅れで入学され、中等科一年で退学された。無理なスパルタ教育は嫌われたが、学問がお嫌いだったわけでなく、漢文が好きで、多くの詩作を残されている。

伊藤博文は天皇に奏上して、親王の養育を教育から健康まで一体的に管理すべく東宮輔導の職として有栖川宮威仁親王を充てた。親王は威仁親王を兄のごとく慕い、事態は劇的によい方向に進んだ。仰々しさを嫌い、葉山や日光で過ごすのを好まれた。行幸先でも予定外の行動をされ、フランクなお言葉がマスコミでも自由に報道された。令和の時代より皇室報道は自由だったのかもしれない。

大正天皇の病弱を心配された明治天皇は、早くしっかりした妃と結婚させたほうがよいと考えられた。伏見宮禎子女王は、容姿や知性などいずれをとっても皇太子妃として申し分ないと、学習院教授だった下田歌子が推薦した。ところが、宮廷医ベルツが胸部に疾患があるとしたので中止された。

貞明皇后（九条節子妃）は、九条道孝の娘で、母親の野間幾子は九条家に仕える家臣の孫娘だった。九条家では、高円寺の農家である大河原家に里子に出したので、節子はたくましく元気に育った。貴族的な顔立ちでなく、流行歌の「おっぺけぺ節」を学習院で歌うようなやんちゃな姫だったが、健康と多産系が重視される中で浮上した。

この結婚は狙い通り、昭和天皇を初めとする4人の立派な皇子を皇室にもたらし、気さくで明るい家庭をもたれ、親王方のお妃選びを賢明に果たされた功績も大きい。ただ、保守的な価値観は議論を呼んだ。昭和天皇の外遊に反対されたり、大正天皇のご病気も神に十分に祈らなかったためかと思ったり、昭和天皇に神事に取り組めと意見された。

大正天皇は、思いやりに満ちた人柄で円満な家庭を持たれ、「開かれた皇室」への第一歩を踏み出されたが、即位後は性に合わない窮屈な生活になって、１９１８年には国会開会式に出席できなくなられ、１９１９年には第一回ご病状の発表が国民に対してあり、皇太子（昭和天皇）が摂政となられた。

香淳皇后との欧州訪問を熱望された昭和天皇

大正天皇と貞明皇后との結婚の翌年、１９０１年4月29日に昭和天皇が誕生された。迪宮《みちのみや》裕仁《ひろひと》と命名された。１９２１年に、摂政宮となられ、その5年後には大正天皇の崩御によって践祚された。

戦争への経緯で、昭和天皇が積極的に介入しておられればという人もいるが、終戦の聖断は、ほぼ間違いなく押し切れるというタイミングだったからできたので、そうでなくては、最終的な決断者としての権威は保てず、責任も問われただろうから難しいところだ。

ただ、「国体の堅持」というと、「天皇制が国民より大事なのか」という人がいるが、「国体の堅持」とは、「統一と独立の維持」そのものであったことと理解すべきだろう。

戦後は、近衛文麿が昭和天皇を退位させて仁和寺に押し込めようとするなど退位論が出てきて、それに厳しく抵抗されたのは、君主はかくあるべしという教育を受け、経験を踏んできた自分でなければ難しい事態を乗り越えられないという自負がゆえだろう。

天皇は、戦後体制と明治体制との連続性を強調するお考えだった。「人間宣言」についてのちに語られた時にも、日本の民主主義は明治天皇の思し召しによるもので、「五箇条のご誓文」とそれを発展させた大日本帝国憲法に原点があることをいったつもりが、曲解されたと念を押された。

昭和天皇には3人の弟がいらした。秩父宮雍仁《ちちぶのみややすひと》親王（1902〜1953年）は、人なつっこい性格で、スポーツを愛され、気配りに長じたプリンスとして国民的に人気があったが、肺結核で薨去《こうきょ》された。妃殿下の勢津子様は、戦後は日本結核予防会の名誉総裁としてや日英交流に活躍された。

高松宮宣仁《たかまつのみやのぶひと》親王（1905〜1987）は、有栖川宮威仁親王薨去後宮家が断絶したので、有栖川宮の祭祀を受け継がれた。威仁親王の外孫で、やはり母が有栖川家出身で徳川慶喜の孫でもある喜久子様と結婚された。

戦後、若い皇族に影響力があった。土塀だけの京都御所での民とのふれあいが理想と仰い、京都では和風旅館にお泊まりされ、それを秋篠宮殿下も引き継がれておられたことがある。

三笠宮崇仁《みかさのみやたかひと》親王（1915〜2016年）は、ほかの兄弟より年が離れ、終戦時でも少佐だった。妃殿下の百合子様は河内丹南藩一万石の高木子爵家出身だが、母親は公家の入江子爵家出身である。三笠宮寛仁《ともひと》親王、桂宮宜仁親王、高円宮憲仁親王、近衛甯子様、千容子様という5人のお子様がおられる。

昭和天皇の生母である貞明皇后は、３人の弟宮は才気煥発な女性と結婚させせられたが、皇太子妃には宮家出身でおおらかで、品が良く落ち着いて機敏だと久邇宮良子女王を選ばれた。良子皇后は7人の子をなされた。戦中・戦後の苦しい時期には質素な生活を送られ、皇后の笑顔は国民を安心させた。夫婦仲はまことに良く、それぞれ「良宮《ながみや》」「お上《かみ》」と呼んで、しばしば手をつながれて歩かれた。

皇后にとって痛恨だったのは、長女の東久邇成子さまが癌におかされ35歳でなくなられたことである。最後は宮内庁病院に引き取られて看取られた。

皇后のショックは激しく、それから、女官と侍従の対立とか、腰椎骨折の適切な治療がされなかったことでも健康を悪化させせられ、昭和天皇の大喪の礼にも欠席された。

皇后は、絵画や音楽など芸術方面に造詣が深く、日本画がお得意だった。２０００年に、老衰による呼吸不全のため崩御されたが、歴代の皇后中最長の在位（62年14日間）を記録され、「香淳皇后」と追号された。

平成から令和へ

昭和天皇が崩御されたとき、テレビは「新たに天皇になられた皇太子殿下は」「亡くなられた天皇陛下は太上天皇と呼ばれることになるのだそうです」と伝えたが、準備不足というか、準備することさえタブーだったことを象徴していた。

だが、新しい陛下（上皇陛下。１９８９年1月7日践祚）は、伝統的な儀式や祈りの重視やストイックな公務への姿勢と、国際的な視野も持ち、特にアジアに対する配慮を基軸にした帝王としてのスタイルは、満を持しての即位であったことにふさわしいものだった。

２０１６年8月8日に「象徴としてのお務めについてのおことば」をビデオで発せられ、「天皇という立場上、現行の皇室制度に具体的に触れることは控え、個人として、これまでに考えて来たことを話したい」と述べられつつ、「社会の高齢化が進む中、天皇もまた高齢となった場合、どのような在り方が望ましいか」についての考えを明らかにされた。退位の可能性への言及はかったが、まさにその問題を惹起するものであり、象徴天皇制と陛下による意向表明の関係が難しい問題であったが、安倍内閣のもとで今回限りの例外ということで適切に処理され、２０１９年の4月30日をもってご退位され、皇太子徳仁殿下が２０１９年（令和元年）5月1日午前0時に皇位を継承し、日本国憲法および「天皇の退位等に関する皇室典範特例法」に基づき第１２６代天皇に即位された。

両陛下や現在の皇族については次章で紹介されているが、今上陛下と皇后陛下の間には、お子様が愛子内親王だけなので、弟である秋篠宮文仁親王が、「皇嗣殿下」となられた。

眞子内親王、佳子内親王、皇位継承順位第2位の悠仁《ひさひと》親王という3人の子がおられる。眞子様は周囲の反対を押し切って小室圭氏と結婚され皇室を離脱された。

悠仁親王が順調に成長されているので、とりあえずは今世紀末まで問題ないのであるが(悠仁親王が上皇陛下ご退位と同じ年齢になられるのは2092年である)、もし、男子のお子様がないようだと再び皇位継承者がいないことになる。

それを巡って旧宮家の子孫と現皇族の女系子孫に候補を求める意見が対立しがちだが、旧宮家の男系男子にしても、現皇族の女系子孫にしても、たとえば、何世紀かのちに誰もいなくなることの可能性はかなり大きい。

それを考えると、どちらを優先するかはともかく、たとえば、確実に把握できている後陽成天皇以降の男系男子子孫（江戸時代に公家の養子となったのが「皇別摂家」、明治以降に授爵されたのが「賜姓華族」）と明治天皇以降の天皇の女系も含めた子孫くらいは把握して皇統譜別表のような形で管理し、英王室の約5000人とはいわなくても、潜在的候補者は確保しておくべきだと思われる。

column

昭和天皇と上皇陛下の内親王

照宮《てるのみや》成子《しげこ》さまは、女子学習院では成績優良、中等科卒業ののち、戦争中の1943年に東久邇宮稔彦王の第一王子・盛厚王と結婚された。成子さまの結婚の時には見合いすらなかった。

戦中から戦後にかけて信彦王、文子女王、秀彦（壬生家の養子になって基博と改名）、真彦、優子という3男2女を授かられた。

戦後は、一般家庭の主婦として生活され、NHKの人気番組「私の秘密」に出演したり、自宅でのホームパーティー開催などで新しい時代における生き方の模範として両陛下を安心させられた。上皇陛下の婚約ののち、率先して自宅に美智子さまをお招かれ反対論の沈静化にも尽力された。

ところが、1961年に35歳の若さでがんで死去された。両陛下は、残された孫たちを御用邸での静養にお呼びになって、普通のお祖父ちゃんお祖母ちゃんらしい心温まるエピソードを残しておられる。

東《ひがし》久《く》邇宮《にのみや》稔彦《なるひこ》王は、明治天皇の第9皇女泰宮《やすのみや》聡子《としこ》内親王と結婚後に1920年から6年間、フランスのサン・シール陸軍士官学校、国防省理工科学校に留学。皇族きっての英才として開戦直前には首相にという声もあったが、内大臣の木戸幸一が皇族首相のもとで開戦したら皇室の責任を問われると忌避した。ポツダム宣言受諾後に首相を引き受け、混乱期の乗り切りに成功した。1990年に102歳で死去。

孝宮和子さまは、1950年に鷹司《たかつかさ》平通《としみち》と結婚した。大阪理工科大学（近畿大学）出身で交通博物館に勤務していた。世間一般と同じ見合いの形も取られ、結婚前に呉竹寮を平通氏が訪問した。

平通の死の2年後に鷹司家に強盗が入り、孝子さまが怪我をされる事件があり、赤坂御用地内の空き屋に引っ越された。皇籍離脱した娘が困窮したときに実家としての皇室がどのように面倒を見ることが可能かということは、眞子さまの騒動の時にも将来に不安が残る結婚において危惧された。

伊勢神宮の「神宮祭主」を務められた。鷹司家の菩提寺である京都二尊《にそん》院《いん》に葬られ、上皇陛下が墓参りに訪れられたこともある。神宮祭主の役割は、池田厚子さま、ついで黒田清子さまに引き継がれている。

順宮《よりのみや》厚子《あつこ》さまは学習院短大に進まれた。夫の池田隆政は、学習院高等科を出て岡山で池田牧場（のちに動物園）を経営していた。岡山を公務で訪問されたときにお会いされ、正式の見合いもした。1952年に結婚され、岡山にお住まれた。皇女の一人は東京以外に住む方がよいという昭和天皇のご意向もあったと厚子さまが仰っている。お子さまはないが、現在もご健在である。伊勢神宮祭主を務められていたが、黒田清子さまに譲られた。

清宮貴子《すがのみやたかこ》さまは上皇陛下や常陸宮殿下の妹で昭和天皇の末っ子である。学習院大学のイギリス文学科在学中に上皇陛下の学友で日本輸出入銀行勤務の島津久永と婚約し、中退して結婚された。婚約発表のとき「私の選んだ人を見て下さって」と仰ったことは、恋愛結婚の社会的認知に貢献した。佐土原藩主家だが、久永の父は島津忠義の子である。

久永氏の勤務でワシントンやシドニーに住まわれ、活発に東京のナイトライフを楽しまれ、プリンスホテルの取締役もされた。お子さまの島津禎久氏は聴覚の障害を克服して写真家として活躍し、カナダ人女性と結婚した。

11宮家ほか旧皇族の歴史

伏見宮家は、邦家親王の第14皇子の貞愛《さだなる》親王が嗣いだ。母親が関白鷹司政熙の娘・景子だったからだ。博恭《ひろやす》王は海軍元帥軍令部総長を1941年の４月に退職したので、真珠湾攻撃の責任を辛うじて問われなかった。子の博明王は、モービル石油勤務。娘しかいないので男系としては、断絶する。叔父が創始した華頂侯爵家には男系の子孫がいる。

山階宮家晃親王は、邦家親王の第一子だが、正室の子でなかったので山階宮の宮号を賜った。宮家としては断絶したが筑波家など男系の子孫は健在で宮内庁勤務の人もいる。

久邇宮朝彦《くにのみやあさひこ》親王は、幕末政治の重要人物でもある。伊勢神宮祭主に就任し、皇學館大学を創始した。子だくさんで、賀陽宮《かやのみや》、久邇宮、梨本宮《なしもとのみや》、朝《あさ》香宮《かのみや》、東久邇宮５家が出ている。

邦彦親王には、島津忠義の娘・俔子《ちかこ》との間に３男３女があり、長女良子《ながこ》女王が昭和天皇の香淳皇后《こうじゅんこうごう》。久邇邦昭は、伊勢神宮の大宮司、神社本庁統理、霞会館理事長を務めた。その子の朝尊は、三菱商事など勤務ののち、伊勢神宮大宮司、神宮司庁代表役員となっている。その妹の晃子は今上陛下のお妃候補と週刊誌に書かれたこともある。

東伏見宮家は、邦家親王の第17皇子依仁親王が1922年に亡くなっていたため皇籍離脱のときに男子皇族が不在だった。岩倉家出身の周子妃のみが残っていた。久邇宮邦彦王の３男邦英を養子のようにしており、伯爵家と東伏見宮家の祭祀を継いだ。邦英は青蓮院門主となり東伏見慈洽《じごう》と名乗った。現門主、東伏見慈晃は京都仏教界の重鎮として活躍中。

賀陽宮邦憲王は、久邇宮朝彦親王の第２王子だが、弟の朝彦王が久邇宮家を継いだので賀陽宮を創設した。治憲王は海軍に入り、戦後、東京大学法学部から外務省入りし、国連局長、イスラエル、デンマーク、ブラジルで大使を務めた。

賀陽正憲は、今上陛下の学友で、民間勤めのあと宮内庁に入ったが、外務省で長く勤務した。ふたりの男子は、愛子さまの結婚相手候補として最近、週刊誌などで取り上げられることが多い。

梨本宮家は邦家親王の弟の守脩《もりおさ》親王が創設。久邇宮朝彦親王の多田《ただ》王が継承し守正王と名乗った。鍋島直大の二女伊都子と結婚し、元帥陸軍大将を務めた。そのため皇族で唯一戦争犯罪容疑で収監されたが、半年後に釈放された。

伊都子妃の著書『梨本宮妃伊都子の日記』が出版され、美智子皇后の結婚に強硬に反対したことで知られる。一緒に反対したのが、秩父宮妃殿下の母親である松平信子だが、母親同士が鍋島直大の娘として姉妹である。

朝彦親王の第８皇子である鳩彦《やすひこ》王については、第３章で紹介した。東久邇宮家は久邇宮朝彦親王の９男稔彦親王に始まるが、稔彦王に４人、盛厚王に５人の男子があり男系男子の多さ、現皇室との血縁の近さでも特別な存在である。

北白川宮家は、戊辰戦争の歴史にあって輪王寺宮として登場する邦家親王第９王子能久親王に始まる。第４章でドイツ人女性とのロマンスを紹介した。1895年に台湾に出征し、マラリアで薨去。台湾神宮（台湾神社）が創建されたが、現在は圓山飯店になっている。

３男成久王が北白川宮を嗣ぎ、明治天皇の第７皇女の周宮房子内親王と結婚した。フランスでの交通事故で亡くなったことは第４章で紹介した。現在の当主である道久には男子はおらず、男系としては断絶が予想される。道久王の妹である肇子は、上皇陛下のお后候補と言われた時期があった。

竹田宮家は能久親王の庶長子である恒久王が創設。明治天皇第６皇女昌子内親王と結婚した。子の恒徳王は、馬術が得意で、JOC委員長、IOC理事、日本馬術連盟会長などつとめた。

長男の恒正は日本ゴルフ協会会長などを歴任。男子がいる。次男の恒治は、駐ブルガリア大使もつとめた。三男の恒和は、馬術でミュンヘンやモントリオール五輪に参加し、JOC会長などを務めた。ふたりの男子がおり、長男が作家の恒泰。

第119代光格《こうかく》天皇は閑院宮《かんいんのみや》家出身だが、宮家を継いだのは、兄の典仁親王。５代目の愛仁《なるひと》親王に男子がなく、明治になって伏見宮邦家親王の第16王子である載仁《ことひと》親王が継承した。参謀総長を務めた。春仁王が継承したが、1988年（昭和63年）に死去し、閑院宮家は絶家になった。

第7章

イスラムの君主国とアジアの王国

スルタンやカリフなど独特の肩書き

イスラムは7世紀以来世界史において大きな役割を果たし、発祥の地である中東だけではなく、アジア、アフリカ、ヨーロッパにも勢力を伸ばしていった。スペインには15世紀末までイスラム王朝が存在していたし、現在の東欧は19世紀までオスマン・トルコの版図であった。しかし、歴史の流れで、数多くのイスラムの君主国が消えていった。

最も顕著な例としては、19世紀後半に英国の植民地となったインドのムガール帝国と第一次世界大戦後に共和制となったオスマン・トルコである。第二次世界大戦後も、エジプト、チュニジア、イラク、イエメン、ザンジバル、モルジブ、リビア、アフガニスタン、リビア、イランから王室が姿を消し、現存するイスラムの君主国は、北アフリカから東南アジアにいたる地域の10か国である。これら10か国は、それぞれの地域の特性も踏まえ、イスラム、あるいはアラブといった枠組みでの協力を進めながら変動する国際情勢への対応を模索している。2011年の「アラブの春」と呼ばれる動きが起こった時、エジプト・リビア・チュニジアのように政権打倒に至った君主制でない国があった一方、影響を受けたこれら君主国のうちのいくつかでは改革を余儀なくされたが君主制であるが故に持ちこたえることができた。

ここでイスラムの君主の称号に触れると、今日では「マリク（国王）」、「スルタン（国家元首の場合は『国王』と訳す）」、「アミール（首長）」が使用されているが、かつてイスラム世界における最高指導者は「カリフ」と呼ばれていた。

預言者ムハンマドの没後、その後継者たちがアラビア語で「ハリーファ（継承者）」と呼ばれたのに由来する。カリフは当初選挙で選ばれ、4代目までのカリフの時代は正統カリフ時代（632〜661年）と呼ばれる。その時代の最後のカリフが、ムハンマドの従兄弟であり、また、娘ファーティマの夫であったアリーである。

アリーは、シリアを地盤にしていたムアーウィヤと対立し、最後は暗殺された。このことがイスラム教にスンニー派とシーア派が生まれるきっかけとなった。ムアーウィヤはダマスカスを首都とするウマイヤ朝（661〜750年）を設立し、カリフは世襲制となったが、ウマイヤ朝はムハンマドの叔父の子孫であるアッバース朝（750〜1258年）に倒された。アッバース朝はバグダッドを首都として栄えた（「千夜一夜物語」が書かれたのもこの時代である）が、モンゴル帝国に滅ぼされた。

その後アッバース朝の一族がエジプトのマムルーク朝のもとに亡命し、その庇護を受けてカリフ制が存続したが、1517年オスマン帝国がエジプトを支配下においてカリフを廃位した。それ以降、オスマン帝国の後期になると君主たちがアッバース朝の末裔から譲位されたとしてカリフの称号を利用していた。

スルタンはアラビア語で「権力者」、「権威者」を意味するが、アッバース朝のカリフが10

世紀にバグダッドを含む地域を支配し、庇護者となったセルジューク・トルコの長トゥグリル・ベグにこの称号を贈ったことがきっかけで君主の称号として用いられるようになり、オスマン帝国でもこれが使用された。君主については「皇帝」、「国王」と訳されているが、例えば後述のマレーシアの各州のスルタンについてはそのまま用いられている。

アミールはアラビア語で「司令官」「総督」を意味する語で、王族・貴人の称号として使われるようになった。国の支配者の場合は日本語で「首長」と訳されている。ムスリム集団の長の称号として用いられることもある。

以後現存する10のイスラム君主国について西から東に順に紹介していきたい。

日が沈むマグレブの親日国と極東の日本

2022年にカタールで開催されたサッカー・ワールド・カップでモロッコ・チーム（「アトラスの獅子」の異名をもつ）が快進撃を続け、準決勝で惜しくもフランスに敗れたのは記憶に新しいところである。アフリカ大陸の北西端に位置し、地中海と大西洋の両方に面するモロッコは、日本では「カサブランカ」などの映画に加え、その歴史・文化・料理・観光資源などで知られている。モロッコの国名はアラビア語では「日の沈む場所」という意味の「マグレブ」であり、実際同国はアラブ圏ではモーリタニアと共に最も西に位置していて、日本から最も距離的に離れた国の一つである。

筆者はこの国で大使として勤務する機会を得て、モロッコが我が国にとって「遠いが近い国」であることを実感した。

モロッコは古い歴史をもつ君主国である。初代のイドリス1世国王（4代目カリフ　アリーの子孫と言われる）の即位は奈良の大仏建立とほぼ同時期の788年である（イドリス朝）。その後フェズあるいはマラケシュを首都とする王朝の交替が続いたが、その中にはムラービト朝やムワッヒド朝のように北アフリカ、今日のモーリタニアやマリの領域、イベリア半島の一部まで版図に治めたものもあった。現在のアラウィ朝が成立したのは17世紀である。

アラウィ家の祖は、13世紀にアラビア半島からやって来てシジルマッサ（かつて栄えた南部の古い商業都市）に定住した4代目カリフ・アリーの子孫とされている。1631年に当主のムーレイ・アリ・シャリーフが地域の住民から請われてアミールに就任し、その子のムーレイ・ラシッドが1666年にスルタンに即位してアラウィ朝の支配を確立した。

その後アラウィ朝のスルタンたちは欧州の朝廷に使節を送るなど対外的な交流にも努めた。18世紀後半のスルタン・モハメッド3世は独立直後の米国のワシントン大統領に書簡を出したが、このことでモロッコは米国を承認した最初の国の一つともいわれている。しかしながら19世紀後半になると、欧州との戦いに何度も敗れるなど国力の衰えが見られるようになり、

20世紀はじめにはフランスとスペインの支配下におかれることとなってしまった（中部はフランスの保護領、北部と南部（大西洋岸）はスペインの保護領）。

フランスからの独立への道

１９３０年代になると、知識階級を中心に独立の機運が高まってきた。当時のモハメッド・ビン・ユスフ・スルタン（保護領となってから2人目のスルタン）は１９０９年生まれの若さであり、フランスは与しやすいと考えて即位させたといわれているが、実は極めて強い意思を持っておられた。第二次大戦中にスルタンがユダヤ系の国民をフランス本国（ヴィシー政権）の意向に反して庇護されたことからもそれは見て取れる。

大戦後の１９４７年、スルタンは独立への思いを表明する演説を行われ、これをきっかけにフランスの総督との関係が急速に悪化した。

１９５３年に至り、フランス政府はスルタンを退位させて家族とともにマダガスカルに追放した。しかしながらモロッコ国内の独立運動はますます激しくなり、アルジェリアとチュニジアでの独立機運の高まりにも直面したフランスはついに１９５５年にスルタンを帰国させ、復位させた。そして翌１９５６年にモロッコは独立し、翌年に王国となってスルタンも国王の称号を使われるようになるのである。

独立以来、モロッコでは3人の国王が即位された。

初代のモハメッド5世国王は、「独立の父」として敬愛されている。ユダヤ系国民を大切にしたということで、イスラエルに移住したモロッコ系ユダヤ人の子孫の家庭ではいまだにモハメッド5世の写真が飾られているところが少なくないと言う。

モハメッド5世の崩御を受けて1961年に30代前半で即位された2代目のハッサン2世国王は、最初の10年あまり国造りを進める中で国内の反対勢力に対処され、2回のクーデターの試みを辛くも逃れられるようなこともあったが、1975年に「緑の行進」（当時まだ植民地であったスペイン領サハラに対するスペインの支配を終わらせるため国王の呼びかけで行われた35万人の平和行進）を成功させたことで国内も安定し、経済面では紆余曲折があったが、1990年代終わりには野党のリーダーを首相に任命して国内融和を図られた。

筆者は、1987年3月に公賓として訪日されたシディ・モハメッド皇太子（現在のモハメッド6世国王）の通訳として防衛大学校ご訪問に同行させていただき、さらに、同年6月、外相として初めてモロッコを訪問した倉成正《くらなりただし》外務大臣に随行してマラケシュの王宮におけるハッサン2世国王拝謁の通訳を務めさせていただいた。

にこやかに倉成大臣を迎えられた国王は、深みのあるお声で中東情勢等に関する極めて精緻な分析を語られたが、筆者が最も感銘を受けたのはご自身のことを「信徒の長（ＰＲＩＮ

CE DES CROYANTS)」と述べられ、また拝謁の最後に王宮の前まで大臣を見送られて「天皇陛下に私の親愛の情（AFFECTION）をお伝え下さい」と言付けられたことであった。

そして1999年にハッサン2世の崩御を受けて即位されたモハメッド6世国王が今日に至るまでモロッコを牽引されているのである。

国民とともに、そして外交手腕

モハメッド6世は即位当初「貧者の王」とも呼ばれ、国民の恵まれない層に心を寄せられることで知られていたが、こうした基本的な姿勢は今も変わっていない。これまでも国民が苦しむような事案が起こると担当閣僚や高官が罷免されていたが、2020年のコロナウイルス禍の蔓延に当たっては国民を守るための国王主導の措置が実に迅速に講じられた。

最初の感染例が発見されたのは3月のことであったが、直ちに衛生緊急事態が発令され、国境の閉鎖、学校のオンライン化、ロックダウン等が矢継ぎ早に決定されて、ロックダウンは3か月後の6月まで続いた。こうした施策が国王陛下主導で進められ、その後も必要な引き締め策が取られたため、累計感染者数、累計死者数ともに抑えられている。流行の早い時期からマスクやPCR検査薬を国内生産し（マスクは、マラケシュで開催された「COP

Carlos R. Alvarez

モロッコを訪問されたスペイン国王フェリペ６世国王とレティシア王妃。右がモロッコのモハメッド６世国王。スペイン国王と王妃の間に後ろにムーレイ・ハッサン皇太子。

22」の結果、モロッコはレジ袋を不織布に切り替えていたので生産設備を転用したものである）。また中国製コロナワクチンの臨床試験に協力してワクチンの供給を確保する等様々な創意工夫が見られた。ワクチン接種は2021年1月から無償で開始されたが、国王は国内で最初に接種を受けられ、その様子がワクチンのパッケージと共に大きく報道されたため、国民も積極的に接種に赴くようになった。

これ以外にも国王の指導力が大きく発揮されたのは2011年の「アラブの春」の際で、この時には国王は憲法改正を提唱され、それが国民投票で可決されることにより危機が回避された。

国王は年に4回テレビ演説で国民に語りかけられる。「シャビィーラズィーズ（わが愛する民よ）」という呼びかけで始まるその演説では、コロナ後の経済再生や社会保障の拡充といった国内の重要政策の発表が行われることもあるし、外交の重要な方針の表明がなされることもある。以前は国王は市内に出て国民と触れ合われることも少なくなかったが、最近ではコロナのためにそれもなくなっていた。しかし昨年サッカー・ワールド・カップでモロッコがスペインを破った時には国王はモロッコ・チームのユニフォームを着用され、国旗を振りながら車列で市内を回っておられた。

国王は、憲法により、「信徒の長（アミール・アル＝ムウミニーン）」（※）であり宗教的

※かつてカリフたちが用いていた称号。

指導者であることが規定されている。そうしたこともあって、国王がイスラムの祝日に礼拝されたり、犠牲祭の日に羊を屠られたりされる場面がニュースで報道されている。

日本の大使としてみたモロッコ外交と皇室との絆

モロッコは巧みな外交を行っている国でもあるが、それは国王の主導によるところが大きい。2020年にイスラエルとの外交関係が再開されたが、このきっかけになったのはトランプ大統領の女婿ジャレッド・クシュナー氏が国王に謁見した時のやり取りといわれる。

モロッコは、国王ご自身がエルサレム市の特別な宗教的・歴史的ステータスを守り、パレスチナ系住民を支援することにコミットされている。それに加え、イスラエル国内に百万人ともいわれる政治的にも有力なモロッコ系イスラエル人のコミュニティが存在していていること、パレスチナの様々な勢力とパイプを持っていることなどから、今後中東和平においてアラブ首長国連邦やバーレーンなどとも連携し、どのような動きをしていくのか注目される。

イスラエルとの関連でいうと、モロッコにおけるユダヤ人の歴史はアラブ人よりも古いとされており、加えて特に16世紀に多数のユダヤ人がスペインから逃れてきたこともあってイスラエルの建国まではモロッコ国内に大きなユダヤ人コミュニティが存在していた。聖者の墓所もあって、外交関係が中断していた時期でもイスラエルからそこを訪れる人々がいた。

こうしたモロッコ系ユダヤ人を通じたイスラエルとのつながりが再確認されたのは2020年12月に米国とイスラエルの合同代表団が来訪して3国共同宣言に署名した時で、モロッコ系ユダヤ人の家系であるイスラエル代表団長（国家安全保障会議議長）が国王にダリージャ（モロッコで使われているアラビア語）で挨拶したことは大きな感動をもって国内で受け止められていた。

イスラム、そしてアラブの連携も非常に重視されていて、2017年のカタール外交危機の時にはモロッコはサウジアラビアなどの湾岸諸国に与することなくカタールに対して食糧支援を行った。ワールド・カップでのモロッコの試合の時にスタジアム全体がモロッコを応援し、カタールのタミーム首長がモロッコのゴールを喜ばれていたが、同じアラブということ以上にそういったことも背景にあったのではないかと思われる。

また、米国や欧州との関係に加え、モロッコが対アフリカ外交を対外政策の中心と位置づけ、アフリカ大陸における地歩を確実に強化していることも注目に値する。

外交において大きな力を発揮しているのは国王と各国首脳との強い絆である。例えばサウジアラビア、カタール、バーレーンの君主や王族たちはモロッコに別邸を持っているし、国王と同世代のムハンマド・ビン・ザーイド・アラブ首長国連邦大統領がラバトの王宮学校で皇太子時代の国王と共に学ばれ、1975年の「緑の行進」にも自国を代表して参加されたことは知られている。さらに国王が様々な国の首脳と電話で話されたことも頻繁に発表されている。

モロッコの王族の初めての訪日は、1964年に来日された当時のハッサン2世国王の妹君のララ・ヌズハ王女である。ララ・ヌズハ王女は1976年にも公賓として夫君（当時の首相）とともに来日された。特筆すべきなのは、モハメッド6世国王ご自身が20代の時から3回訪日され（※）、日本に親近感を抱かれていることで、これは日本にとっても大きな財産である。今上陛下も1991年に皇太子としてモロッコをご訪問になっておられる。

日本は長年にわたり政府開発援助（ODA）を通じてモロッコの国造りを支援してきたが、今日ではモロッコは日本企業70社以上が進出するアフリカ大陸有数の投資先となっており、モロッコ側の期待も大きい。

ムハンマドの子孫と聖地の守護者

ヨルダンの正式名称はヨルダン・ハシュミット王国であるが、ハーシム家の名前にちなんでいる。ハーシム家はムハンマドの曽祖父ハーシムに遡る家系であり、ヨルダン王家自体は、4代目カリフであるアリーと預言者の娘ファーティマの子ハッサンの子孫といわれている。

※即位後の2005年に国賓として来日されたが、皇太子時代にも1987年（公賓）と1989年（昭和天皇大喪の礼に参列）にも訪日されている。

ヨルダンは１９４６年に英国から独立したが、初代のアブドッラー１世国王は翌年エルサレムのアル・アクサ・モスクに礼拝に赴かれた際に暗殺された。

３代目国王フセイン１世の下で、ヨルダンは、１９６７年の第三次中東戦争により聖地エルサレムを含む領土を失うこととなったが、その後国王の巧みな外交手腕によって複雑な中東和平問題に対処し１９９４年にイスラエルと平和条約を締結して外交関係を樹立した。

フセイン国王の崩御後、子息である現在のアブドッラー２世国王が即位され、引き続きパレスチナやシリアをめぐる困難な状況に対応されている。ただ２０２０年にいくつかのアラブ諸国が米国トランプ政権との連携の下イスラエルとの関係を正常化・再開したこともあり（いわゆるアブラハム合意）、今後が注目される。

また、ヨルダンではパレスチナ系住民が７割以上を占めるとも言われており、ラーニア王妃もパレスチナ系の出身である。

アブドッラー２世国王は１９９９年に国賓として来日されたのを含め10回以上訪日された親日家であられる。ヨルダンからの君主の最初の訪日は１９７６年のフセイン国王（当時）の国賓としてのご来日であるが、それ以前にも１９７０年の大阪万博の際にアブドッラー２世国王の母君に当たられるモウナ・アル・フセイン王妃が訪日されている。今上陛下は皇太子として皇太子妃殿下（現在の皇后陛下）とともに１９９５年ヨルダンをご訪問になられ、

1999年（フセイン国王の葬儀にご参列）にも同国に赴かれている。上皇上皇后両陛下も皇太子同妃として1976年にヨルダンをご訪問になっている。

サウジアラビアの国王は「二聖モスクの守護者」という敬称を使用されているが、これは国内にメッカ、メディナのふたつのイスラム教の聖地を擁していることによるものであり、こうした宗教的権威は石油の生産とともにサウジアラビアの国力の大きな源泉となっている。

サウジアラビアは、初代アブドゥルアズィーズ・イブン・サウド国王の下で1927年にヒジャーズ・ナジュド王国として英国から独立し、1932年に現在の国名となった。2代目のサウード国王から現在の7代目サルマン国王まで、初代国王を父とする兄弟の間で王位が継承されてきた。3代目のファイサル国王の時にサウジアラビアは産油国としての発言力を強め、アラブ諸国のリーダーとしての地位を確立した。

サウジアラビアでは伝統に則った統治が行われてきたが、サルマン国王の即位をきっかけに次の世代から皇太子が任命されるようになり、現在のムハンマド・ビン・サルマン皇太子は2022年に従来国王が務められていた首相職に就任された。1985年生まれで脱石油依存を目指されるムハンマド皇太子が今後どのような方向性でサウジアラビアの舵取りをしていかれるかが注目される。

サルマン国王は即位前を含め3回訪日されている。サウジアラビアからの君主の最初の訪日は１９７１年のファイサル国王（当時）の国賓としてのご来日である。今上陛下は皇太子として１９９４年に皇太子妃殿下（当時。現在の皇后陛下）とともにサウジアラビアをご訪問になられたほか、国王の崩御及び皇太子の薨去に際しての弔問のために赴かれている。

上皇陛下は皇太子として１９５３年エリザベス英国女王戴冠式ご参列の際にファハド王子（当時。後の国王）に初めてお会いになり（戴冠式会場でもお隣の席に座られていた）１９８１年には妃殿下（現在の上皇后陛下）とともにサウジアラビアをご訪問になられている。

大富豪揃いの湾岸君主国

アラビア半島の南東部に位置し、船乗りシンドバッドの故郷とも言われているオマーンは、17世紀から19世紀の初めまでブーサイード朝のスルタンの治めるインド洋最強の海洋国家であったが、19世紀終わりに英国の保護国となった。１９７１年の独立以来、カブース・ビン・サイード国王（前年に即位）の治世が50年間続いたが、２０２０年の国王崩御に伴い、遺言により従兄弟のハイサム・ビン・ターリク殿下（遺産文化大臣）が新国王に即位された。

オマーンは、イスラエルとの間で通商代表部を設置するなどアラブ諸国の中では独自の外交政策を進め、また石油・ガス依存型経済からの脱却を目指している。かつて退位されたスルタンのタイムール・ビン・ファイサル殿下（前国王及び現国王の祖父）が日本人女性と結婚されて神戸に居住されていたことも知られている。

ハイサム国王は即位前に文化遺産大臣として3回訪日されているが、オマーンからの現職君主の訪日はまだ実現していない。今上陛下は皇太子として1994年に皇太子妃殿下（現在の皇后陛下）とともにオマーンをご訪問になっている。

オスマン帝国の支配下にあったペルシャ湾の南岸には、18世紀にアラビア半島南部から移住してきた部族が首長を中心とする複数の小さな国を作ったが、英国はインド航路の安全確保のために19世紀半ばにこれらの国々と恒久休戦協定を結び、19世紀末には保護領とした。1968年に英国がスエズ運河以東からの撤退を宣言したため、1971年にアブダビ及びドバイを中心とする首長国が統合してアラブ首長国連邦を結成した。

構成国7か国の中ではアブダビが最大で、独立以来アブダビ首長が連邦大統領を兼ねられている。現大統領であるアブダビ首長のムハンマド・ビン・ザーイド殿下は、兄君に当たられるハリーファ・ビン・ザーイド殿下の薨去を受けて2022年に就任された。

連邦最大の都市であるドバイは中東きってのリゾート地であり、金融・ビジネスの中心。だが、ドバイの首長は連邦副大統領を務められている。ドバイには多くの日本企業が進出して、中東・アフリカ地域における拠点を設けている。

石油・ガス依存から脱却した経済発展のため、豊富な石油収入を背景に活発な投資を行い、製造業やサービス業等の産業多角化を推進している。ムハンマド現大統領がアブダビ皇太子の頃から外交手腕を発揮されて連邦の存在感が高まっていたが、2020年には米国との連携の下イスラエルとの関係正常化が行われた（いわゆるアブラハム合意）。

なお、アブダビは独立前から1970年の大阪万博に参加（※）するなど日本との関係強化に熱心であり、ムハンマド首長（連邦大統領）も即位前に昭和天皇の大喪の礼と1990年の平成の即位礼を含め4回訪日されている。ザーイド初代大統領（現大統領の父君）も平成初期の1990年に国賓として来日された。今上陛下は皇太子として1995年に皇太子妃殿下（現在の皇后陛下）とともにアラブ首長国連邦をご訪問になられている。

サッカーワールドカップを開催した首長国

2022年にサッカーのワールドカップの開催国となり、世界の注目を集めたカタールもペルシャ湾岸の首長国である。1971年に単独で独立した。現在のタミーム首長は父君ハマド首長の退位を受けて2013年に即位された。

カタールは世界有数のLNG（液化天然ガス）の生産国であり、産油国でもあるが、ポスト石油・ガスの時代に備えた経済社会の転換を目指している。外交面ではイランとの友好関

※当時のハリーファ・アブダビ皇太子（後の大統領）が来日

係を強化し、アフガニスタンやイエメン等の紛争の仲介努力を行うといった独自の路線を推進している。２０１７年には複数のイスラム諸国からイランとの関係などを非難され国交断絶を通告される事態となった（いわゆるカタール外交危機。２０２１年に解決）。アラブを代表する放送局アル・ジャジーラもカタールにある。

また、モーザ前首長妃（タミーム首長の母君）が国際的な社会・教育活動に従事しておられることも知られている。

タミーム首長は２０１９年の即位礼出席のため来日されたが、これ以前にも皇太子当時を含めて3回訪日されている。カタールからの君主の最初の訪日は１９８４年のハリーファ首長（当時。タミーム現首長の祖父君）の国賓としてのご来日である。今上陛下は皇太子として１９９４年に皇太子妃殿下（現在の皇后陛下）とともにカタールをご訪問になられている。

バーレーンはペルシャ湾の島々からなる国であるが、聖書にあるエデンの園がここに当たるという伝説もある。従来はペルシャ湾岸の首長国のひとつ。カタールと同様、英国の保護領から独立して連邦の一員となることが当初検討されていたが、自立できるということで１９７１年に単独で独立した。現在のハマド国王は１９９９年に首長に即位されたが、２００２年に体制が王制に変更され、国名も「バーレーン王国」と定められた。

バーレーンの王家はスンニー派である一方、国民の多くがシーア派であることから、シーア派国民の動向が内政安定上の重要な要因となっている。２０１１年には「アラブの春」の影響を受けて改革を求めるシーア派住民を中心とした反政府派デモが発生し、一時非常事態宣言が発出されたが、国王主導で憲法改正等事態収拾のための努力が行われた。外交面では２０２０年に米国との連携の下イスラエルとの関係正常化が行われた（※）。

ハマド国王は２０１２年に訪日されている。バーレーンからの君主の最初の訪日は１９９１年のイーサ首長（当時）のご来日である。今上陛下は皇太子として１９９４年に皇太子妃殿下（現在の皇后陛下）とともにバーレーンを御訪問になられている。

１９９０年に隣国イラクに侵攻されたことがいわゆる湾岸戦争のきっかけとなったクウェートは１９６１年の独立まで英国の保護領であった。ナッワーフ現首長は、２０２０年にサバーハ首長（２００６年即位）の薨去を受けて即位された。

クウェートは石油生産が主要産業であるため、その豊富なオイル・マネーを海外での投資に向けることによる金融立国を志向するとともに、産業の多角化を図っている。独立以来エネルギー分野を中心に日本との経済関係が密接であった。イラクによる侵攻の際には、日本は総額１３０億ドルの財政支援などの協力を行った。

サバーハ前首長は２０１２年に国賓として来日されたが、それ以前にも１９６０年代から外務大臣あるいは首相として６回訪日されている。クウェートからの君主の最初の訪日は

※アブラハム合意

１９９５年のジャビール首長（当時）のご来日である。今上陛下も皇太子として１９９５年に皇太子妃殿下（現在の皇后陛下）とともにカタールをご訪問になられている。

東南アジアのイスラム君主国

東南アジアのマレー半島とカリマンタン島からなるマレーシアの国王（マレー語で「ヤン・ディプルトゥアン・アゴン」）は半島所在の各州の君主（スルタンの称号が用いられていることが多い）の中から互選により、５年の任期で選ばれる。現在の第16代アブドゥラ国王は２０１９年に就任された。マレーシアは１９５７年にマラヤ連邦として英国の植民地から独立し、１９６３年に現在の国名になった。安定した成長を遂げてＡＳＥＡＮの重要メンバーで、マハディール首相の提唱した「東方政策」もあって日本との関係は良好である。

アブドゥラ国王は令和の即位礼出席のため来日されたが、それ以前のマレーシアの国王方の訪日も１９６４年のサイド・プートラ国王の来日をはじめ、平成の即位礼への参列を含めて何回も行われている。今上陛下は皇太子として２０１７年にマレーシアをご訪問になられている。また上皇上皇后両陛下も１９９３年と２００６年に天皇皇后として、そして１９７０年に皇太子同妃として、計３回マレーシアをご訪問になられている。

カリマンタン島北部に位置するブルネイ・ダルサラーム国の君主はボルキア家第29代スル

タンのハサナル・ボルキア国王（1967年即位）である。スルタン在位期間は55年間に及び、現在の世界の君主の中では最長である。また、資産家としても知られている。

ブルネイは1984年に英国の保護領から独立し、現在ではASEAN、APEC、TPPなどのメンバーとして存在感を高めている。石油・天然ガスを産出するため経済的に豊かであり、福祉も充実しているが、国際的な資源価格の変動もあるため、天然資源への過度の依存から脱却すべく、石油「川下」産業の開発を含めた経済の多様化を目指している。

ハサナル・ボルキア国王は、独立直後の1984年に国賓として来日されたがそれ以降も昭和天皇の大喪の礼と1990年の即位礼への参列を含めて頻繁に訪日された（国王は行政権の長として首相や外相などを兼ねておられるので会議出席のための訪日も少なくない）。最近の訪日は2019年の即位礼の際のものである。今上陛下は、2004年、ブルネイ皇太子の結婚式御出席のため皇太子としてブルネイに赴かれている。

仏教国タイとブータン

東南アジアのインドシナ半島からマレー半島にかけて位置するタイは、1939年まではシャムと呼ばれていた。タイ王国の基礎は13世紀のスコータイ王朝によって築かれ、その後現在のチャックリー王朝（1782年に初代ラーマ1世国王が創立）に至っているが、その間植民地支配を受けたことがない。

ミュージカル「王様と私」の主人公のモデルとなられたのは４代目国王のラーマ４世（モンクット王）である。５代国王のラーマ５世（チュラロンコン大王）の治世は、日本の明治の御代とほぼ重なったが、英仏を相手とした巧みな外交により独立を保持されるとともに国の発展に尽力された。兄王ラーマ８世の崩御により１９４６年に18歳で即位されたラーマ９世（プミポン国王）も国民の崇敬を集められ、２０１６年までの治世の間にタイは大きく発展して、東南アジアの主要国の一つとなった。

筆者（篠塚）も、１９９２年5月にスチンダー首相辞任運動が衝突に発展して多数の死傷者が出た時、国王が首相と辞任運動の指導者を召されてご自身で事態収拾に当たられた時の映像をよく覚えている。２０１６年のラーマ９世国王の崩御を受けて、ワチラロンコン皇太子がマハー・ワチラロンコン・プラワチラクラーオチャオユーフア国王（ラーマ10世）として即位され、２０１９年5月に即位式が行われた。

我が国とシャムの間では、17世紀前半、アユタヤ王朝（14世紀～18世紀）との間で朱印船の渡航や山田長政の活躍などの交流が見られてはいたが、皇室とタイ王室との交流の発端となったのは、１８８７年（明治20年）、ラーマ５世国王の弟君であるシャム最初の外務大臣テーワウォンワローパガーン殿下が来日され、日本との間で「日暹《にちせん》修好通商に関する宣言」

（日タイ修好宣言）に調印されたことであった。

その後、１９００年にラーマ５世国王が日本国民に仏舎利を贈られ、１９０２年にはワチラウット皇太子（後のラーマ６世国王）が欧州留学からの帰途訪日された。１９２４年にはプラチャーティポック王子（後のラーマ７世国王）が訪日され、１９３１年にはラーマ７世国王が王妃とともに米国に赴かれる途次来日された。

第二次世界大戦後は、１９６３年にラーマ９世国王が国賓として来日され、翌１９６４年に皇太子同妃両殿下（現在の上皇上皇后両陛下）がタイをご訪問になられて、皇室とタイ王室との交流が再開された。１９６５年には、皇太子殿下が、タイ国民の栄養改善に貢献なさるとの観点から、タイにティラピアをご贈呈になられた。

ラーマ10世国王は、皇太子として１９７１年に初めて訪日され、その後１９８７年に公賓として来日され、一九八九年の昭和天皇の大喪の礼と１９９０年の平成の即位の礼にもご参列になられている。今上陛下は、皇太子として２０１２年にタイをご訪問になられ、また１９９４年に皇太子妃殿下（当時。現在の皇后陛下）とともに中東ご訪問の機会に同国にお立ち寄りになっておられる。また、１９８０年（ご旅行）と１９８７年（お立ち寄り）（当時浩宮殿下）にもタイを訪れられている。上皇上皇后両陛下は、天皇皇后としてタイを１９９１年、２００６年にご訪問になられ、また２０１７年に前年崩御されたラーマ９世国

撮影　小学館写真室、日本雑誌協会代表取材

即位礼正殿の儀に民族衣装で参列したブータンのワンチュク国王とペマ王妃。

王のご弔問のためお立ち寄りになっておられる。さらに、前述の通り皇太子同妃として1964年にタイをご訪問になられているが、同国に最初においでになったのは1960年のお立ち寄りの時であり、それ以外にもご即位前に4回お立ち寄りになっておられる。

秋篠宮皇嗣同妃両殿下は悠仁親王殿下とともに2019年にブータンご旅行の途次タイにお立ち寄りになっておられる。また、1992年と1999年にも同国をご訪問になられ、さらにラーマ9世国王のご葬儀ご参列を含め15回ご旅行・お立ち寄りになっておられる。

ヒマラヤ山系に属し、インドと中国の間に位置するブータンは、17世紀にこの地域に移住したチベットの高僧ガワン・ナムゲルが、各地に割拠する群雄を征服し、ほぼ現在の国土に相当する地域で聖俗界の実権を掌握して建国した国である。国民はチベット系が多く、チベット系仏教が広く信仰されている（※）。「ドゥクパの国」（雷龍の国）とも言われている。

ブータンが現在のワンチュク王家の下での王国となったのは、19世紀末に支配的郡長として台頭した豪族で、1907年にラマ僧や住民に推され初代の世襲藩王に就任されたウゲン・ワンチュク初代国王の時である。第5代のジグミ・ケサル・ナムゲル・ワンチュク国王は先代国王の退位を受けて2006年に即位された。

2008年に憲法が公布され、立憲君主制への移行が行われた。国会は国王不信任決議の権限を持ち、国王は65歳定年制となっている。ブータンは、国民総生産（GNP）に対置さ

※憲法では仏教が「精神的遺産」と定められている。

れる概念として、国民総幸福量（※）という独自の概念を提唱して、国民の幸福に資する開発を目指していることでも知られている。

ジグミ・ケサル国王は、東日本震災後の２０１１年にご結婚になられたばかりのジツェン・ペマ王妃とともに国賓として来日されたが、国会演説で「不幸からより強く大きく立ち上がることができる国があるとすれば、それは日本と日本国民です」と述べられ、福島県の被災地の小学校では、子供たちに向かって「みなさんの中には人格という龍がいます。年を取って経験を積むほど龍は大きく強くなります」と語りかけられた（震災に際しては、地震発生後の翌3月12日に国王主催による祈りの式典が行われ、義捐金１００万米ドルが寄付されるなど多方面にわたる支援が寄せられた）。国王と王妃は２０１９年にも即位礼ご参列のため訪日されている。日本とブータンとは１９８６年に国交を樹立したが、ブータンからの君主の最初の訪日は昭和天皇の大喪の礼ご参列のため１９８９年に来日された先代のジグミ・シンゲ・ワンチュク国王であり、同国王は翌年の平成の即位礼にも参列された。

今上陛下は１９８７年（当時浩宮殿下）にブータンをご訪問になっておられる。

また、秋篠宮皇嗣同妃両殿下は、悠仁親王殿下とともに２０１９年に同国にご旅行になられた。秋篠宮同妃両殿下は１９９７年にもブータンをご訪問になられ、２０１７年には眞子内親王殿下も同国をご訪問になっておられる。

※GNH:Gross National Happiness

column

カンボジア王国

カンボジア王国は、1970年代から80年代にかけて王制の廃止・内戦・自国民の虐殺、そして1990年代に王制の復活という激動の歴史を経験した。9世紀にクメール王朝（アンコール王朝）が成立し、15世紀まで続いて、アンコール・ワットが建設された。

アンコール朝の系統に属するカンボジア王家は、シハヌーク殿下の高祖父アン・ドゥオン王が、1840年代前半に即位されて、中興の祖となられた。

フランスの保護領時代の1940年に即位されたノロドム・シハヌーク国王が第二次世界大戦中の1945年にカンボジアの独立を宣言された。その後一旦フランスの保護領に復帰したが、1953年には完全な独立を達成した。

シハヌーク国王は1955年に退位（父君のノロドム・スラマリット国王が即位された）されて首相となられ、1960年に国家元首に就任されたが、「殿下」の称号はそのまま使用された。

ベトナム戦争中の1970年、外国ご訪問中に親米派のクーデターが起きてカンボジアは共和制となった。次いで親中派のクメール・ルージュ（ポル・ポト派）が政権を取り、1979年にはベトナム軍が進攻したことでクメール・ルージュが敗走して親ベトナム政権が成立した。

シハヌーク殿下は、1975年から4年弱の間首都プノンペンに戻られた以外は、プノンペンの政権に対峙する勢力の首班として国外あるいはタイ国境近くの拠点で事態収拾のための活動を続けられていたが、1990年に「カンボジア和平に関する東京会議」が開催され、翌年には「パリ和平協定」が締結されたのを受けてご帰国になり、最高国民評議会議長に就任された。

1993年の総選挙を経て王制復活が決定され、シハヌーク殿下が国王に再即位された。2004年に退位され、ご子息のノロドム・シハモニ殿下が即位された。シハヌーク前国王は2012年に北京で崩御された。

シハモニ国王は、2010年に国賓として、また令和の即位礼ご参列のため来日されたが、シハヌーク前国王は、戦後初めての外国君主としてご在位中の1953年に、そして初の国賓として首相就任後の1955年にそれぞれ訪日されている。また、内戦が終結しつつあった時期には、1988年、1990年（「カンボジア和平に関する東京会議」ご出席）、1992年（「カンボジア復興閣僚会議」ご出席）に来日されている。今上陛下は、皇太子として2012年にカンボジアをご訪問になられた。

太平洋とアフリカの王国

トンガは、ガリバー旅行記の巨人国のモデルになったともいわれている。同国は国民が立派な体格であることでも知られており、トゥポウ4世国王のご体重がギネスブックに記載されたこともある。

1845年に即位されたキリスト教徒のトゥポウ1世国王は、1875年には憲法を制定された。1965年に即位されたトゥポウ4世国王の下で1970年に英連邦内の独立国になった。

トゥポウ4世国王は、昭和天皇の大喪の礼ご参列を含めて10回以上来日された親日家であられたが、算盤をトンガの学校に導入され、大相撲に力士を送られたことなどでも知られている。2006年にジョージ・トゥポウ5世国王が即位された。さらに、2012年のジョージ・トゥポウ5世国王の崩御を受けて弟君のトゥポウ6世国王が即位された。

トゥポウ6世国王は、令和の即位礼ご参列のため来日されたが、ご即位以前にも首相あるいは皇太子として4回訪日されている。先代のジョージ・トゥポウ5世国王は2007年と2011年に来日されている。今上陛下は、皇太子として2006年にトゥポウ4世国王のご葬儀ご参列のため、2007年にジョージ・トゥポウ5世国王戴冠式ご参列のため、2015年に妃殿下とともにトゥポウ6世国王の戴冠式ご参列のためご訪問になっておられる。

7つの島からなるサモアは、議会が国家元首を4つの大酋長家門から選出する。また議会を構成する議員は慣習的にほぼ全員がマタイ（伝統的指導者層）なので、選挙君主制に類似している。

トゥイマレアリイファノ・ヴァアレトア・スアラウヴィ2世元首は、即位礼ご参列のため2019年に来日された。

南アフリカに四方を囲まれた内陸国レソトの、レツィエ3世国王は、2016年と2019年（即位礼ご参列）の2回訪日されている。また、先代のモシェシェ2世国王は、昭和天皇の大喪の礼ご参列のため1989年に来日された。

エスワティニは南アフリカとモザンビークに囲まれた内陸国である。「スワジランド」から現在の国名に変更した。先代のソブーザ2世国王が61年間の治世を経られて1982年に崩御されたのを受け、1986年に即位されたムスワティ3世国王は日本との関係強化を重視され、第2回から第5回までのアフリカ開発会議（TICAD）ご出席のため1998年から2013年まで5年毎に来日された。また、2015年には第3回国連防災会議ご出席のため、2019年には即位礼ご参列のために訪日されている。

第8章

皇室における国際親善

世界において王室同士が誼を深めることは国と国との関係強化の上で極めて重要なことである。欧州では王室同士の親戚関係が頻繁に見られるが、それ以外のところでも、君主が他国の君主に使節を送ったり訪問したりして関係の構築・強化が図られてきた。現在の皇室の場合には、外国要人のご接遇、外国ご訪問、外国大使の接受、ご親書・ご親電の発出などの国際親善のためのご公務が行われている。

外国要人のご接遇

日本においても飛鳥時代から遣隋使や遣唐使が朝廷によって派遣されていたが、幕府が外国との交流を担っていた時期や鎖国などで外国との往来が途絶えていた時期もあり、皇室の外国とのご交際が本格化するのは明治以降のことである。

明治維新以降に最初に来日された外国王族は、1869年（明治2年）世界一周の途次立ち寄られた英国のビクトリア女王ご次男のエジンバラ公アルフレッド王子であった。

元首級の最初の訪日は世界巡遊の締めくくりとして1879年に来日された米国のグラント元大統領で、延遼館（浜離宮）が迎賓施設として使用され、明治天皇が接遇された。

現職の外国君主として最初に来日されたのは1881年、世界各国巡遊の際に日本を訪問されたハワイのカラカウア国王で、東京や横浜のほか、神戸、京都、長崎などを訪れられた。

明治政府は当初、この訪問が身分を隠してのものであるとの報告を受けていたが、数度にわたる明治天皇とのご会見の機会を設け、さらには菊花大綬章を贈呈するなど丁重な接遇が行われた。天皇とのご会見では、ハワイと日本、そしてハワイ王室と皇室との関係強化などについても話し合われたと言われている。

さらに、大津事件に遭われたロシアのニコライ皇太子、サラエボでの暗殺が第一次世界大戦の引き金となったオーストリア・ハンガリーのフランツ・フェルディナンド皇太子、英国のエドワード皇太子（後の国王エドワード8世）などの外国王族も来日された。

第二次世界大戦後に初めて訪日された外国の君主は1953年、フランスから完全独立の数か月前に来日されたカンボジアのシハヌーク国王であった。この時昭和天皇は同国王を皇居での茶会に招待され、またシハヌーク国王は、カンボジアに帰国されたその日にシハモニ王子（現在の国王）がお生まれになったので「トウキョウ」という愛称を与えられた。

その後に国賓制度が作られ、最初に国賓として1955年に来日されたのは退位されたシハヌーク殿下（その時の肩書きは前国王、首相）であった。この時に、殿下は、サンフランシスコ平和会議後初めて外国と締結する友好条約である「日本・カンボジア間友好条約」に署名されている。翌1956年にはエチオピアのハイレ・セラシエ皇帝が君主としては初めての国賓として来日された。

その後昭和の時代には多い年に5～6人の主に元首である外国要人が国賓として来日されたが、その中にはイラン、ネパール、アフガニスタンのようにその後王制の廃止された国の君主や、サウジアラビアのファイサル国王、タイのプミポン国王など我が国でもよく知られた方も含まれている。

1964年の東京五輪、1970年の大阪万博、1985年の国際科学技術博覧会などの大きな出来事の機会にも外国王室関係者の訪日が行われた。中でも、1989年の昭和天皇即位の礼と1990年の平成の即位礼には君主方を含む多くの外国王室関係者がご参列になり、皇室とそれら王室との絆が強化された。

昭和の終わりまで、日本政府が外国要人を招聘する形式は国賓（国王、大統領又はこれに準ずる要人）と公賓（皇太子、王族、首相、副大統領又はこれに準ずる要人）のふたつだけであった（ただし外務大臣や国際機関の長を対象とする外務省賓客制度は別途設けられていた）が、平成になって招聘形式が整理され、首脳会談など実務を目的として訪日される要人を対象とした公式実務訪問・実務訪問という形式が設けられた。

国公賓としての招聘は政府が儀礼を尽くして公式に接遇するということで、相手国との関係強化の上で極めて有意義であるが、特に国賓としての接遇は天皇皇后両陛下が当たられるということで最高の礼を尽くしているといえる。

国賓の件数は通常年に2～3件、多い年で4件程度（平成の御代で合計60件）となったが、上皇上皇后両陛下は天皇皇后としてお心をこめて賓客をお迎えになり、先方からも喜ばれた。米国大統領、中国国家主席、韓国大統領などの国賓としての訪日は注目を集めるが、東日本大震災後の2011年に来日されたブータンのジグミ・ケサル・ナムギャル・ワンチュク国王が、国会と被災地で力強い激励の言葉をかけられ、多くの人々に感動を与えられたことで見られるように、国賓の来日が日本と相手国との関係強化に果たす役割は大きい。

国賓が来日されると、天皇皇后両陛下は歓迎行事、ご会見、宮中晩餐、ご訪問（お別れのご挨拶）の4つの行事にご出席になる。筆者は宮内庁式部職に勤務する機会を得たが、最初にお手伝いをさせていただいたデンマークのマルグレーテ女王陛下およびヘンリック王配殿下のご来日（2004年）の時のことも例にあげつつ説明したい。

豊明殿で行われる宮中晩餐会

歓迎行事は、現在では皇居（晴天の場合は宮殿前庭、雨天の場合は宮殿内）で行われる。以前は赤坂迎賓館で行われていたが、迎賓館改修を機に皇居で行われることとなった。自衛隊による両国国歌吹奏、儀仗隊による栄誉礼、賓客による儀仗隊巡閲などが行われ、公式随員・三権の長や閣僚・賓客の国の関係者なども出席する。

ご会見は通常歓迎行事に引き続いて宮殿の正殿竹の間で行われ、天皇皇后両陛下が賓客ご夫妻とお話しになって訪日を歓迎される。お会話の後で、賓客が両陛下に公式随員をご紹介される。

宮中晩餐は通常歓迎行事・御会見と同じ日に宮殿で行われる。規模は全体で150人強であり、宮殿で最大の部屋である豊明殿が会場に当てられる。服装はホワイトタイ（燕尾服）か民族衣装が原則であるが、賓客のご希望によりブラックタイ（タキシード）となることもある。賓客ご夫妻が宮殿に到着されると天皇皇后両陛下が南車寄せでお出迎えになり、その後皇族方をご紹介してご歓談が行われる。

しばらくして招待者が石橋の間で賓客ご夫妻と両陛下にご挨拶した後に豊明殿に案内される。会場では、メインテーブルが正面にしつらえられ、その前に長いテーブルが櫛の歯状に並んでいる。招待者、公式随員、皇族方の着席後に入場曲が演奏され、両陛下と賓客ご夫妻がにこやかに入場される。この時出席者が一斉に起立してお迎えするので、「いよいよこれから晩餐が始まる」というおごそかな雰囲気になる。

おことば　天皇陛下のお言葉

両陛下と賓客夫妻が着席された後、天皇陛下が起立されて歓迎のおことばを述べられ、一同起立の上賓客の国の国歌が演奏されて乾杯が行われる（ただしモロッコのように賓客の国に乾杯の習慣がない場合には、起立して国歌演奏を聞くにとどまる）。続いて賓客が起立されて答辞を述べられ、一同起立の上君が代が演奏されて乾杯が行われる。

天皇陛下のおことばは、日本と賓客の国との関係やご自身と相手国のゆかりなどにも触れられ、相手国の歴史や文化にも言及されつつ賓客の訪日を歓迎されるお心のこもったものであるが、過去に不幸な歴史のあった国から賓客をお迎えする場合にはその点が取り上げられることもある。また、賓客の答辞にはそれなりのメッセージが込められている場合もある。

例えば、デンマーク女王をお迎えした宮中晩餐でのおことばのうち、デンマークとのゆかりなどに触れられた部分は次のようなものである。

〈貴国と我が国の間の国交は、１８６７年、徳川将軍によって締結された最後の修好通商航海条約によって開かれました。以来、第二次世界大戦から平和条約発効までの一時期の中断を除いて今日までたゆみなく友好関係が続いております。

この間には両国民の間に様々な交流があり、我が国の人々は貴国に親しみ、また貴国から学んできました。来年生誕２００周年を迎えるハンス・クリスチャン・アンデルセンは永年にわたって我が国で親しまれてきた作家であり、先年貴国を訪問したときにはオーデンセにあるアンデルセンの幼少時代の家を、ビルン空港まで私どもを迎えにいらしてくださった皇太子殿下の御案内で見てまいりました。

私は先に申しましたように、1953年国王王妃両陛下をお訪ねするためにコペンハーゲンからユトランド半島まで貴国の農業地帯を通ってまいりましたが、その美しいたたずまいは、戦争によって荒廃した国から来たものとして深く印象に残っております。その陰にはプロシア、オーストリアとの戦いに敗れ、国土の3分の1を失った貴国民が『剣を持って失ったものを鋤《すき》を持って取り返さん』として努力した苦難の歴史があることに思いを致すのであります〉

おことばで過去の歴史に言及があったケースとしては、昭和天皇のご訪欧やご訪米の際のおことばを含む様々な機会で取り上げられてきたが、筆者が国王の国賓としてのご来日のお手伝いをさせていただいたオランダの例をご紹介する。オランダは江戸時代、2世紀以上にわたって日本と交流のあった唯一の欧州の国であったが、第二次世界大戦において両国は不幸な歴史を経験することとなり、戦後の両国関係の推移の中でその経緯が影響を及ぼしてきた。1991年に国賓として来日されたベアトリックス女王（当時）は、即位前の1963年に既に国賓として来日され、また1964年の東京オリンピックの際にも訪日されるなど

皇室との交流を深めておられたが、この時の宮中晩餐では、天皇陛下（当時。現在の上皇陛下）が、

〈このような友好関係が第二次世界大戦によって損なわれたことは、誠に不幸なことでありました。戦後日本は、このような戦争の惨禍を再び繰り返すことのないよう、平和国家として生きることを決意し、世界の平和と繁栄のために積極的に協力しつつ、一貫して貴国を始めとする世界各国との間で新たな友好関係を築くよう努力してきました。いまや日蘭両国間では、幅広い分野で友好と協力の関係が見られるようになりましたことは、喜ばしい限りであります。私は、今後とも両国民がますます相互理解を深め、力を合わせ、将来へ向けて両国関係の一層の発展を図っていくことを切に希望いたします。

女王陛下には、28年前、国賓として我が国をご訪問になりましたが、当時まだ20代であった女王陛下と私は、この時初めて親しくお話をする機会を持ちました。以後、女王陛下には、しばしば、我が国をご訪問になっており、我が国に対する深い理解をお持ちになっていらっしゃいます。私共も、貴国でご即位前の女王陛下並びにクラウス殿下から手厚いおもてなしをいただいたことが懐かしく思い起こされます。厳しい状況の中で、ご即位前より我が国との友好関係の増進をお心にかけていらっしゃった女王陛下と今夕宴席を共にすることができ

ますことを誠に嬉しく思います〉

と歓迎のおことばを述べられたのに対するご答辞において、女王は、

〈不幸なことに、第二次世界大戦の出来事により両国の国民の間に深い溝が生じました。数多くのオランダ国民が太平洋における戦争の犠牲になりました。その中には軍隊の一員として巻き込まれた者もいましたが、10万人以上の民間人もまた、何年もの間抑留されました。日本ではあまり知られていない歴史の一章です。多数の同胞が戦争で命を失い、帰国できた者にとっても、その経験は生涯、傷痕として残っています。その結果、これらの人々は、今なお痛みや苦しみに悩まされているのです。日本の国民さえも、戦争の恐ろしい結果に苦しまなければなりませんでした。私たちの過去に暗い影を落としている苦い経験を真摯な目で認識することこそ、憤りや恨みに満ちた気持ちを克服する一助になるはずです〉

と戦争中のことに言及された。この後、2000年に行われた天皇皇后両陛下（当時。現在の上皇上皇后両陛下）のオランダご訪問の際には、アムステルダムでの戦没者記念碑ご供花に続いて王宮で開かれた晩餐会において、天皇陛下は、ベアトリックス女王の歓迎のおこ

とばへのご答辞の中で、

〈19世紀の後半、我が国が、他の欧米諸国と国交を開いた後も、港や灌漑施設の建設、治水工事の分野で、ファン・ドールン、エッシャー、デ・レイケ等何人かのオランダ人技術者が我が国に招かれ、政府の顧問として活躍した例に見られるように、我が国はオランダからさまざまな事を学び、両国間の友好関係は変わることなく続いておりました。

このような歴史を経た後、両国が、先の大戦において戦火を交えることとなったことは、誠に悲しむべきことでありました。この戦争によって、さまざまな形で多くの犠牲者が生じ、今なお戦争の傷を負い続けている人々のあることに、深い心の痛みを覚えます。二度とこのようなことが繰り返されないよう、皆で平和への努力を絶えず続けていかなければならないと思います。また、この機会に戦後より今に至る長い歳月の間に、両国の関係のため力を尽くしたさまざまな人々の努力に改めて思いを致します。とりわけ戦争による心の痛みを持ちつつ、両国の将来に心を寄せておられる貴国の人々のあることを私どもはこれからも決して忘れることはありません〉

と述べられた。そして、２０１４年、前年に即位されたウィレム・アレキサンダー国王が国賓として来日され、10月29日に宮中晩餐が開催された。オランダの楽曲「風車のところに」が演奏される中を天皇陛下（当時。現在の上皇陛下）と国王陛下が入場され、天皇陛下は歓迎のおことばで、

〈陛下の母君でいらっしゃるベアトリックス王女殿下が我が国をご訪問になったのは１９６３年のことで、まだ20代のお若い王女殿下でいらっしゃり、同世代の皇后と私は、非常な親しみを持ってお迎えいたしました。ご即位後に国賓としてお迎えした１９９１年のご訪問には、当時皇太子でいらした国王陛下がご同行になり、かつてポニーで私どもの馬車を追っていらした陛下が健やかな青年に成長なさったお姿を、感慨深く思いました。

この時のベアトリックス女王陛下の我が国ご訪問はそれまでに何度か計画され、その都度国内の反対で取りやめとなったものが遂に実現を見たもので、私どもにとり、忘れ得ぬご訪問となりました。その９年後の２０００年には貴国のご招待を受け、私どもがオランダを訪問しています。この訪問に当たり、女王陛下は幾度か貴国の戦争犠牲者と話し合われ、行事はその人々の了解のもと行われました。この時の女王陛下の御努力に、今も深く感謝しております〉

と述べられた。これに対するご答辞の中で、国王は、

〈我々は先人の歴史を決して忘れません。彼らの勤勉さ、創造性、功績そして互いの交流が土台となり、今日が築かれました。彼らの歴史に『終わり』はありません。我々は祖先の残した美しい遺産と苦しみの遺産のそのいずれをも引き継いでいます。第二次世界大戦で我が国の民間人や兵士が体験したことを我々は忘れません。忘れることはできません。戦争の傷跡は、今なお、多くの人々の人生に影を落としており、犠牲者の悲しみは今も続いています。捕えられ、労働を強いられ、誇りを傷つけられた記憶が、多くの人々の生活に傷跡を残しました。日本の国民の皆様もまた、先の大戦において、とりわけ戦闘が苛烈さを増した終戦間近、大変な苦しみを経験されました。和解の土台となるのは、互いに背負ってきた苦痛を認識することです。両国の多くの国民が和解の実現に向け全力を尽くしてきました。こうして双方の間に新しい信頼関係が生まれました〉

と述べられたが、ご答辞の内容全体は両国関係の一層の強化を望まれる未来志向的なものであった。

宮中晩餐会のメニュー

乾杯が終わって一同が着席したところで食事が供される。食事はフランス料理であるが、賓客のお好み、賓客の国の食習慣なども考慮してメニューが決定される。例えばイスラムの国からの賓客をお迎えする場合には、肉類はハラール（イスラムの戒律によって食べることが許された食材）のものを用意する。また、肉は宗教と関係なく食べられる羊肉が使用されることも多い。酒類は乾杯用のシャンペン、赤ワイン、白ワイン、日本酒が供される。

メニューはスープ、魚料理、肉料理、サラダ、デザートといった構成で（２００８年までは魚料理と肉料理の間にもう一品が供されていた）、デザートとしてはアイスクリーム（富士山型）と果物が出される。富士山型アイスクリームは抹茶で裾野部分にバニラをほどこして山頂付近をイメージしたもので、伝統ある宮中メニューの一つである。

１９３４年の皇太子殿下（現上皇陛下）のお誕生を祝う午餐会でもこのアイスクリームが出されていた。

参考までに、令和になって初めての国賓として来日された米国のトランプ大統領をお迎えして２０１９年5月27日に行われた宮中晩餐のメニューもご紹介する。

①清羹（注：コンソメスープ）　②平目牛酪焼（注：舌平目のムニエル）　③牛背肉焙焼（注：

ステーキ）④サラダ　⑤アイスクリーム（富士山型）⑥果物　⑦ピュリニー・モンラッシェ　２００２年　シャトー・ラフィット・ロートシルト　１９９６年　モエ・エ・シャンドン　ドン・ペリニヨン　１９９９年

この時は牛肉がお好きなトランプ大統領の好みに合わせて牛肉が供されたが、通常は羊のモモ肉のローストが出されることが多い。

宮内庁楽部による音楽

宮中晩餐の場では宮内庁楽部が音楽を演奏する。宮内庁楽部は明治時代に雅楽を演じるために設けられた（宮内庁楽部の雅楽はユネスコの無形文化遺産にも登録されている）が、我が国最古の洋楽演奏団体の一つでもある。

曲目は日本の楽曲（雅楽をアレンジしたものも含む）、賓客の国にゆかりのある曲、さらにいわゆる名曲やポップスも含まれるが、楽部の楽士は声楽も修得しているので例えばケテルビー作曲の「ペルシャの市場にて」を歌いながら演奏することもできる。

入場曲は、賓客の国にゆかりの曲が使われることもあるが、故芝祐靖氏（楽部出身、文化勲章受章者）作曲の「親愛」という曲が演奏されることが多い。これは上品で温かみのある趣の曲で、演奏が始まると会場全体が明るくなるような印象を与える。中国や韓国からの賓客の場合には、食事後に「陵王」「納曽利」といった舞楽が演じられることもある。

さらに、食事の後には「後席」といって両陛下と賓客ご夫妻が招待者とお話をされる場も設けられている。

ご訪問は、両陛下が賓客の宿舎などでお別れを告げられるためのものである。お帰りの前に、両陛下は公式随員にご挨拶される。

両陛下が賓客の国をご訪問になったことがあり、ご案内をいただいている場合には、賓客の地方視察に同行されてご案内になられることもある。例えばデンマーク女王の来日の際には両陛下は群馬県をご訪問になり、女王陛下および王配殿下とともに、伝統工芸実演と郷土芸能（八木節）をご覧になり、さらにオーケストラの演奏をご鑑賞になった。

また、筆者は両陛下が国賓として来日されたベルギーの国王王妃両陛下ならびに皇太子殿下（現在のフィリップ国王）を栃木県にご案内されるのに通訳として随行したが、小山・足利間の両毛線を特別列車（いわゆるお召し列車）で移動する時、秋の日差しの中、大勢の方々が沿線で手を振られ、カメラを向けられていたのを記憶している。

両陛下が賓客の催される答礼行事にご出席されることもある。

2007年にベトナムの国家主席が国賓として来日された時にはベトナムの宮廷音楽ニャーニャックを両陛下にお聞かせしたいとして演奏者を同行させ、四方で演奏を鑑賞された例もある。上皇上皇后両陛下は２０１７年に天皇皇后としてベトナムをご訪問になった時もフエ市でニャーニャックをご鑑賞になっている。

国賓来日の際には贈り物の交換も行われる。トランプ米国大統領訪日の際に両陛下から大統領ご夫妻へは、大統領には円錐形の飾り鉢「瑠蒼釉鉢《るそうゆうはち》」が、大統領夫人には装飾用の木箱「截金《きりかね》飾筥《かざりばこ》」がそれぞれ贈られた。大統領ご夫妻からは、陛下に80年以上前に作られたビンテージのビオラ、皇后陛下にはハーバード大学構内の木で作られたペンなどの卓上文具が贈られている。

天皇陛下は、公賓あるいは公式実務訪問賓客として来日される外国要人ともお会いになり（皇太子・王族の場合は「ご会見」、それ以外の場合は「ご引見」）、賓客が皇太子の場合などには午餐にお招きになることもある。さらに、実務訪問賓客として来日される外国元首とご会見になり、またＴＩＣＡＤ（アフリカ開発会議）などの国際会議出席のために来日される元首のために茶会を催される場合もある。

皇室の外国ご訪問

２０２２年9月には今上陛下が皇后陛下とともにエリザベス女王の国葬ご参列のために英国をご訪問になったが、この令和初のご訪問は大きな注目を集めた。天皇皇后両陛下のご訪問は相手国との関係増進に大きな役割を果たしている。

昭和天皇香淳皇后の外国ご訪問は1972年の欧州と1975年の米国の2回であったが、上皇上皇后両陛下は天皇皇后としての24回の外国ご訪問で28か国を公的に訪れられた。この中には、戦後60年と70年に当たり、戦没者を慰霊し、平和を祈念するためそれぞれ2005年と2015年にご訪問になったサイパンとパラオも含まれる。2016年のフィリピンでも両陛下は戦没者の碑にご供花になられた。筆者はサイパンご訪問に随行したが、「スーサイド・クリフ」や「バンザイ・クリフ」の上や「太平洋韓国人追念記念塔」の前に立たれる両陛下のお姿に深い感動を覚えた。令和になってからの外国ご訪問は、新型コロナウイルス禍の関係もあって、本書発刊の時点では、前述の英国ご訪問だけである。

昭和天皇は皇太子当時の1921年に欧州各国をご訪問になられ、上皇陛下は、1953年に英国のエリザベス女王の戴冠式に出席される機会に各国をご訪問になられたのをはじめ、皇太子として多くの国をご訪問になられた（ご即位前から通算すると51か国を公式にご訪問になられ、これにいわゆるお立ち寄り国を加えるとご訪問になられた国は58か国となる）。今上陛下も1989年のベルギーご訪問をはじめ皇太子として多くの国をご訪問になられている。また、秋篠宮皇嗣同妃両殿下をはじめ皇族方も諸外国をご訪問になられて、相手国からたいへん喜ばれている。

外国大使の接受

憲法第７条は「外国の大使及び公使を接受すること」を天皇の国事行為の一つと定めており、天皇陛下は着任してきた外国大使から信任状（大使任命の際に発行される元首名の文書）の捧呈を受けられる。捧呈式は宮殿松の間において閣僚侍立の下で行われ、新任大使は東京駅から皇居まで希望により宮内庁の馬車か自動車（御料車）で移動する。皇居周辺で時折見られる馬車列は信任状捧呈のためのものである。

信任状を捧呈した大使は、新型コロナウイルス禍が発生する前は、園遊会、宮内庁鴨場、御料鵜飼、御料牧場、雅楽演奏会などの様々な皇室関連の行事・施設に招待されていた。

皇室が駐日大使方を非常に大切にされていることは、日本と各国との関係増進の上でも極めて重要なことである。かつて平成の初期から東京で15年間勤務され、外交団長も務められたラシャッド・ファラ元駐日ジブチ大使は、皇室による外国大使のご接遇などに関し、「自分は小さな国の初代大使として着任して色々不安があったが、天皇皇后両陛下（当時）や皇太子殿下（当時）はじめ皇室が国の規模と関係なく我々を大切にしてくださるのは大変ありがたく励みになった。また、着任してすぐに昭和天皇の大喪の礼に参列させていただいたので、皇室が日本国民、そして日本の歴史と伝統にとりいかに重要な存在であるかをこの目で確かめることができた。

こうしたことは、外交団長を務めるようになって一層強く感じた。皇室の方々にお目にかかると、平和とは何か、愛とは何かということについて深く考えさせられる。そして、両陛下や皇族殿下方がじっとこちらの目を見ながら話を聞いて下さるのはすばらしいことである。外交団長は国賓の時の宮中晩餐に招かれ、メインテーブルに着席させていただけるので、会場全体が見渡せるが、いずれの賓客も大変喜んでおられ、両陛下による招宴が日本とその国との友好親善にとりいかに大きな成果を上げているかを実感できた。

皇室の存在は日本にとって大きなアセット（資産）であり、うらやましく思う」と筆者に述べられたことがある。

こうした皇室の国際親善のためのご公務が新型コロナウイルス感染症の発生によって大きな影響を受け、特に外国要人のご接遇や外国ご訪問が従来のような形でできなくなってしまっているのは残念なことである。コロナ禍が収束して再び皇室の国際親善のご活動が活発に行われるようになる日が待ち遠しい。

グラント元米国大統領の訪日（1879年）

グラント元大統領の訪日は、大河ドラマ『青天を衝け』（2021 年）で描かれていたので、ご覧になった方も多いのではないだろうか。米国元大統領という世界的政治家として初めての来訪ということで朝野を上げての国賓級のおもてなしが行われた。グラント氏は南北戦争における北部軍の総司令官として有名で、1869 年から８年間第 18 代米国大統領を務めたのち、世界巡遊旅行に出て、その最後に来日された。

一行を乗せた米艦リッチモンド号は６月 21 日に長崎に入港し、21 発の礼砲で迎えられた。長崎で５泊後、一行は６月 26 日に海路東京を目指して出発した。コレラの流行のため、京都訪問は断念し、７月３日に横浜に入港し、鉄道で東京に移動して宿舎の延遼館（現在の浜離宮）内に整備された明治政府の迎賓施設に到着した。

明治天皇は、米国の建国記念日に当たる７月４日には、皇居で皇后とともに元大統領夫妻とご会見になった。天皇はこの後も何回か元大統領とお会いになられ、７月７日には、日比谷練兵場で観兵式を元大統領とともにご覧になり、その後、浜離宮でおもてなしになられた。

８月 10 日には、天皇は浜離宮の中島茶屋に元大統領をお訪ねになり、約２時間非公式にお話をされ、日米関係、欧州情勢、政治制度、国債、清国との関係、琉球問題などが取り上げられたとされている。

８月 20 日には、天皇は元大統領とともに、陸軍外山学校で、陸軍省主催の競馬をご覧になり、翌日も上野公園における東京府民による歓迎会にご出席になられた。

８月 30 日には、天皇皇后は夫妻のお別れの訪問を受けられた。皇后と元大統領夫人との間でも滞在中何度か交流の機会がもたれたようである。

グラント元大統領の東京滞在中には様々な歓迎行事が行われ、国民の関心も高かった。渋沢栄一東京商法会議所会頭も東京接待委員総代の一人を務め、元大統領を自宅にお招きした。元大統領自身も晩餐を催され、皇族や太政大臣が招かれたこともあった。

また、元大統領は東京だけでなく日光、箱根、横浜なども訪問された。出発前の９月２日に延遼館で開かれた送別の夜会には皇族をはじめ、三条実美太政大臣、岩倉具視右大臣、伊藤博文内務卿、西郷従道陸軍卿など要人たちが訪れて別れを惜しんだ。

９月３日、元大統領一行は、２か月半の滞日を終え、横浜港から米客船シティ・オブ・トウキョウ号で帰国の途についたのである。

現在では、上野公園の「グラント将軍植樹の碑」や長崎公園の「グラント将軍記念碑」などが歓迎ぶりを偲ばせている。

エリザベス女王の来日

昭和30年代以前にお生まれの方は、英国のエリザベス女王が1975年5月に夫君のエジンバラ公フィリップ殿下とともに国賓として来日された時のことを覚えておられるのではないかと思う。ちょうどその年の4月30日に、南ベトナムのサイゴンが陥落し、日本から遠くない場所で深刻な事態が起こっていた時であったので、女王のご訪問は非常に和やかで爽やかな印象を残すものであった。この時、帝国ホテルから国立劇場まで行われたオープンカーでのパレードは特にインパクトが大きかったようで、同じ年に公開された人気映画「男はつらいよ　寅次郎相合い傘」でも、三崎千恵子さん演じるとらやのおばちゃんが、パレードのテレビ中継を見ながら「お若いねえ」と言っているシーンがある。以下女王の主なご日程を紹介する。

5月7日　羽田空港ご到着。歓迎行事（迎賓館)。ご会見（皇居)。天皇皇后両陛下ご案内による宮殿南庭ご散策。三木総理大臣、美濃部都知事による表敬訪問。宮中晩餐（皇居）

5月8日　外交団ご接見。国会ご訪問。経済団体共催午餐会。NHKご訪問。スポーツ競技者とのご交流。在日英連邦市民レセプション。三木総理大臣主催晩餐会

5月9日　英連邦戦没者墓地ご訪問。キヤノン工場ご視察。日英協会主催午餐会。オープンカーでのパレード（帝国ホテルから国立劇場まで)。伝統芸能ご鑑賞。東宮御所ご訪問。女王主催答礼晩餐会（英国大使館）

5月10日　空路関西へご移動。大阪空港経由京都大宮御所（ご宿舎)。竜安寺ご訪問。桂離宮ご訪問。首席接伴員主催非公式晩餐会。

5月11日　西本願寺ご訪問。京都御所ご訪問、蹴鞠ご鑑賞。伊勢市へ鉄道でご移動。伊勢神宮ご訪問。ミキモト真珠島ご訪問。

5月12日　新幹線で名古屋から東京へご移動。退京行事（歓送式典)（迎賓館)。羽田空港からご帰国。

この時の宮中晩餐でのメニューは次の通りであった。
①清羹（すっぽんスープ）②鱒冷製（キャビア添え）③鶉詰焼（フォアグラ詰め）④羊肉焙焼　サラド　⑤氷菓（レモン・シャーベット）後段(デザート)　⑥ワイン　モンラシェ　1966年(白)。シャトー・ラフィト・ロシルド　1964年（赤)。モエ・エ・シャンドン・ドン・ペリニョン　1964年（シャンパン)。
宮中晩餐で演奏された楽曲は、両国歌に加え、「水上の音楽」（ヘンデル)・「序曲」（パーセル)・「英国民謡集」（作曲者不明)・「イエスタデイ」（ビートルズ)・「コキリコ節」・「早春賦」（中田章)・「組曲から」（パーセル）などだった。

即位礼饗宴の儀の和食メニュー

宮中で外国からの賓客などをおもてなしする午餐・晩餐では、フランス料理が供されるのが原則であるが、平成・令和の二度の即位礼の際の饗宴の儀では、和食が供された。

2019年（令和元年）10月22日開催の外国元首・祝賀使節等の外国参列者をお招きした饗宴の儀の献立をご紹介する。

①前菜：かすご鯛姿焼き　海老鉄扇　鮑塩蒸　百合根　鴨錦焼　黄柚子釜　篠鮟肝　栗　胡瓜　②酢の物：魚介酢漬　スモークサーモン　帆立貝　鮃　公魚　③焼物：牛肉アスパラガス巻　ブロッコリー　生椎茸　小玉葱　小トマト　④温物：茶碗蒸　鱶鰭　舞茸　三つ葉　⑤揚物：三色揚　蟹　鱚　若鶏　紅葉麩　慈姑　銀杏　松葉そば　⑥加薬飯：鯛曽保呂　筍　椎茸　干瓢　錦糸玉子　紅生姜　⑦吸物：伊勢海老葛打　松茸　つる菜　⑧果物：イチゴ　マスクメロン　パパイア　⑨菓子：和菓子

同時に、イスラム教の戒律に則ったハラールのメニューや菜食主義者用メニューも準備された。飲み物としては、日本酒・ワイン（コルトン・シャルルマーニュ　2011年（白)、シャトー・マルゴー　2007年（赤))・フレッシュオレンジジュース・日本茶・ミネラルウォーターが供された。

饗宴会場の豊明殿には約550人の内外の要人が集われ、天皇皇后両陛下のお隣には、昭和天皇の大喪の礼と平成の即位礼にも参列されたブルネイのハサナル・ボルキア国王とスウェーデンのカール16世グスタフ国王がご着席になった。

あとがき

篠塚隆

英国の王室は日本の皇室にとって、明治以来、特別の存在である。遣唐使が中断したのち、皇室は長く海外との交流に関わられなかったが、明治維新を経て外国との関係強化を牽引されるようになり、密度の濃い交流を重ねられて、成果を上げてこられた。

世界には現在30人の君主がおられるが、いずれの王室もさまざまな歴史を経て今日に至っている。フランスのマクロン大統領が弔辞で「我々にとっては『THE QUEEN』であった」と形容されたように世界の君主の中で最も傑出した存在であられたエリザベス女王が昨年崩御され、チャールズ3世国王の戴冠式が行われるが、本書が、この機会に、各国の王室ならびに皇室に対する皆様の理解を深めていただける一助となれば幸いである。

筆者はモロッコというイスラム世界でも特に長い歴史を持ち、君主が国の要としての役割を果たしておられる王国で大使として勤務する機会を得たが、それ以前には、宮内庁で11年にわたって奉職し、式部官・式部副長として宮中の儀式や外国交際に係る仕事をさせていただき、天皇皇后両陛下（現在の上皇上皇后両陛下）のご即位20年という節目や東日本大震災という国家にとっての試練を経験させていただいた。

こうしたことを通じて、両陛下はじめ皇室の方々がどれほど国民にお心を寄せておられるか、そして皇室がどれほど国民に敬愛されているかということを改めて痛感した。在外公館で勤務していると、日本国と日本国民の統合の象徴であり、国民と苦楽を共にされる天皇を戴いていることがいかに現在の我が国の状況に適っているかがよく分かる。

また、英国など海外の王室や皇室の歴史については、八幡和郎が分担執筆している。氏は、筆者がフランス国立行政学院（ＥＮＡ）に留学していた頃の仲間であるが、留学記『フランス式エリート育成法』（中公新書）は、フランスの学歴エリート社会を文化や制度も含め紹介した名著であるし、古今東西の君主制を同様の手法で論じた「世界の王室うんちく大全」（平凡社新書）は、関係者のあいだでも信頼できる基礎資料とされている。

本書にも書かれているが、皇室が世界で尊敬されるのは、日本という国に対する評価、皇室の長い歴史と伝統、そして皇室あるいは歴代の天皇のなさりようが文化的・道徳的に極めて高い評価を受けてきたことの反映であるとする分析は、極めて的を射たものである。

最後に、天皇皇后両陛下、上皇上皇后両陛下のますますのご健勝ならびに皇室の弥栄を心からお祈り申し上げるとともに、コロナ禍が収束し、皇室・各王室間の親善が各国間の一層の関係強化につながるよう祈念する。

八幡　和郎（やわた・かずお）

1951年、滋賀県生まれ。東大法学部卒業後、通産省入省。フランス国立行政学院（ENA）留学。通産省情報管理課長、国土庁参事官などを歴任。徳島文理大学教授・国士舘大学客員教授。著書『世界の王室うんちく大全』、『日本の総理大臣大全』『日本の政治「解体新書」』など多数。

篠塚　隆（しのづか・たかし）

東大法学部卒業後、外務省入省。フランス国立行政学院（ENA）留学。フランス、ミャンマー、米国の在外公館、内閣官房等でも勤務。11年間、宮内庁式部官も務める。2019年から2022年1月まで在モロッコ日本大使。

英国王室と日本人
華麗なるロイヤルファミリーの物語

令和5年（2023）4月25日　初版第1刷発行

著　者　八幡和郎、篠塚隆

発行者　大澤竜二

発行所　株式会社 小学館
〒101-8001　東京都千代田区一ツ橋2-3-1
（編集）☎03-3230-5901（販売）☎03-5281-3555

印刷所　図書印刷株式会社

製本所　牧製本印刷株式会社

装　丁　稲野 清（B.C.）

編　集　今井康裕（小学館）

ISBN 978-4-09-389116-5